JOSÉ COMBLIN
100 anos de vida

ALZIRINHA SOUZA • EDELCIO OTTAVIANI
(Organizadores)

JOSÉ COMBLIN
100 anos de vida

EDITORA
SANTUÁRIO

Dados Internacionais de Catalogação na Publicação (CIP) de acordo com ISBD

J83 José Comblin 100 anos de vida / organizado por Alzirinha Souza, Edelcio Ottaviani. - Aparecida : Editora Santuário, 2024.
128 p. ; 16cm x 23cm.

Inclui bibliografia.
ISBN: 978-65-5527-424-0

1. Religião. 2. Cristianismo. 3. Bíblia. 4. Padres. 5. Igreja. 6. História da Igreja. I. Souza, Alzirinha. II. Ottaviani, Edelcio. III. Título.

2024-1322 CDD 240
CDU 24

Elaborado por Vagner Rodolfo da Silva - CRB-8/9410

Índice para catálogo sistemático:
1. Religião : Cristianismo 240
2. Religião : Cristianismo 24

1ª impressão

Rua Pe. Claro Monteiro, 342 – 12570-045 - Aparecida-SP
Tel.: 12 3104-2000 – Televendas: 0800 - 016 00 04
www.editorasantuario.com.br
vendas@editorasantuario.com.br

SUMÁRIO

2010 AOS DIAS ATUAIS
Herança teológica

JOSÉ COMBLIN: UMA PRESENÇA NECESSÁRIA PARA O TEMPO PRESENTE

Alzirinha Souza
Edelcio Ottaviani

Esta obra nasce de duas constatações importantes: a primeira faz referência a duas formas de tratar a história. Podemos abordá-la de forma a esquecer, anular sua própria construção ou fazer memória de pessoas e eventos. A segunda constatação, decorrente da primeira, faz referência à percepção de que alguns desses eventos ou pessoas se tornaram verdadeiros acontecimentos que redirecionam o rumo da história.

É a partir dessas duas constatações que o Grupo de Pesquisa José Comblin (PUCS-SP) e a Universidade Católica de Pernambuco (UNICAP) realizaram a III Jornada José Comblin (1923-2011), em junho de 2023, para comemorar o Centenário de nascimento do célebre autor. O evento procurou, em seu sentido mais estrito, fazer memória de sua vida e obra, por meio de conferências, comunicações e debates, que tiveram por finalidade mostrar a importância de seu pensamento para o tempo presente, resultando nesta obra.

Nela, o leitor encontrará elementos do pensamento de Comblin, relidos por meio de um *cronograma-teológico*, que permite visualizar os elementos-chave de desenvolvimento de sua teologia ao longo de sua trajetória geográfica e intelectual, desde a Bélgica a sua amada América Latina, à qual dedicou a maior parte de sua vida pessoal, pastoral e intelectual.

Desejamos que esta obra cumpra seu papel primeiro de aproximar o leitor do amplo universo que constitui José Comblin.

PREFÁCIO

Pe. José Comblin: testemunho palpável do amor de Deus entre nós, da inteligência acadêmica a serviço dos pobres

Domingos Zamagna[1]

Padre José Comblin foi um intelectual, um sacerdote, um sábio, um profeta. Quem o conheceu sabe que, por uma questão de verdade, sobre ele sempre teremos de usar adjetivos superlativos.

Intelectual finíssimo, com esmerada formação na Europa, onde lecionou durante muitos anos em instituições com as quais manteve sempre intenso contato. Generosamente abriu mão de uma carreira acadêmica para uma vida de itinerância em um continente majoritariamente de jovens e pobres, cada vez mais marginalizados.

Um sacerdote fidelíssimo, que amava a Deus e o Povo de Deus, e que tudo fez para que Jesus Cristo, Deus Encarnado, na força do Espírito Santo, fosse conhecido e amado. Se faltou algo na doutrina, completou com o testemunho. Usou toda a sua privilegiada inteligência, cada minuto de seu tempo, para fazer crescer entre nós a Fé, a Esperança e a Caridade, para fazer evoluir a Teologia e para que nossa vida fosse um permanente diálogo com o Pai, pela Conversão, Oração, pela Palavra, pela Eucaristia. Como poucos, soube unir contemplação e ação.

Um intelectual e sacerdote sapientíssimo, que soube, sempre que preciso, abrir mão da impressionante ciência, e mesmo erudição, para falar a linguagem dos simples e, solidariamente, introduzi-los no mistério de Deus. Nunca cultivou uma sabedoria ociosa, que confunde, desvirtua, desencarna, colonializa, mas colocou-se como discípulo do apóstolo Paulo, preferindo a loucura da Cruz, em vez dos ouropéis do paganismo disfarçado de cristão.

Um intelectual, um sacerdote, um sábio e um profeta, pois fez de sua vida uma intensa e dificílima missão de anúncio e denúncia, de interpelação, da leitura dos sinais dos tempos, interpretados à luz da Palavra de Deus. De um Deus que quis ter a feição de uma nova humanidade, sem a crueldade do legalismo, do culto das aparências, das frivolidades.

[1] Jornalista e professor em São Paulo.

Aos que procuravam e procuram a vida radical do Sermão da Montanha, Comblin foi um significativo instrumento de união. Nem todos o entenderam, porque não conseguiram seguir a pedagogia do Concílio do Vaticano II. Outros, por não conseguirem vergá-lo a suas ideologias (que creem ser teologia, na verdade às vezes apenas um palavreado sem consistência, um alarido etéreo, disfarçado de ortodoxia, atolados em uma discussão erística), chegaram a persegui-lo: nas casernas, na imprensa, até nas cúrias. Coisas de homens, até mesmo de homens "de Deus"

Pe. José Comblin nunca desprezou ninguém, mas sempre preferiu a amizade e o convívio dos que têm um coração de pobres; nunca revidou os ataques, a tudo respondeu com a paciência histórica dos mártires, com o silêncio dos mansos e humildes, a confiança na Providência divina, a força do Espírito, com a resiliência dos confessores da Fé, como artesão da Paz, fruto da Justiça, supremo benefício do Amor-Solidariedade, como ele gostava de traduzir o "Agápe" neotestamentário.

Foi um homem perfeito? Ele foi um autêntico buscador da perfeição celestial (Mt 5,48). Conheceu e resolveu todos os problemas? Pelo menos foi um observador de ângulos muito abrangentes, pois conheceu a realidade latino-americana como poucos a conhecem, com a vantagem imensa de interagir com as pessoas, e não somente com livros e relatórios, e indicou caminhos realistas e esperançosos, por ele testados em uma longa atividade pastoral. Foi precursor, vanguardista, no esforço de promover mais que o diálogo, a empatia entre a vida acadêmica (sobretudo a Teologia) e a pobreza de nosso continente. Não menciono seu papel na Teologia da Libertação, porque tamanha é a urticária, o desequilíbrio emocional e cognitivo que esta expressão desperta em um grande número de católicos, e outros, sobretudo os que a conhecem superficialmente, sempre ansiosos em cômoda e prazerosamente condená-la, receoso que abandonem a leitura deste simples prefácio, mesmo que escrito por quem não tem influência alguma, nem força de persuasão, cuja intenção é vivamente incentivar a leitura da obra.

Pois aqui o leitor vai encontrar, com a ajuda de estudiosos sérios e comprometidos com uma pastoral renovada, uma apresentação contextualizada da enorme produção de nosso teólogo-missionário, deixando claro em que consistiu fazer Teologia, a partir da grande primavera do II Concílio do Vaticano, em um continente submetido a cinco séculos de exploração. Estávamos habituados a uma teologia segmentada, uma teologia de escaninhos mentais (teologia da Igreja, teologia da vida religiosa, teologia do pecado, teologia da secularização, teologia do leigo etc.). Pe. Comblin, solidário com uma comunidade de teólogos, liturgistas, catequistas, eclesiólogos, historiadores e pastores latino-americanos, renovou o modo de elaborar a teologia a partir de um novo modo de ser, um novo modo de viver; não a vida construída no imaginário dos intelectuais, dos burocratas do sagrado, formados na manualística, por mais bem-feitas que fossem essas obras do ensino tradicional. Avaliada a realidade, enriquecido pela luz da Palavra de Deus e pela Tradição viva da Igreja, este novo modo de proceder elabora uma reflexão que seja significativa, que não seja uma duplicata anacrônica, que alimente a Fé cristã, em vista da conversão pessoal/comunitária e o serviço ao Povo de Deus. Somente quem conheceu os tempos pré-conciliares consegue ter essa percepção. A nova geração de teólogos e pastores, dos quais Pe. Comblin foi um inspirador e porta-voz, não se satisfez com a repetição de fórmulas e documentos (como se repetição fosse sinônimo de ortodoxia), por mais exatos e bonitos que fossem. Uma teologia com o cheiro das ovelhas, sem escrúpulos e vergonha de imitar o Bom Pastor.

Deixando de lado os casos oriundos da psicopatologia clerical, ou leiga, os fundamentalismos e fanatismos, o que muitos não entendem é que sempre foi da tradição da Igreja (cf. "Tradition et traditions", de Fr. Yves Congar, OP, mais tarde, Cardeal) a ousadia na constante e renovada busca da compreensão da Fé e na busca de formas cada vez mais qualificadas e evangelicamente radicais para a prática da vida teologal.

As ameaças, as intimidações, as condenações os silenciamentos sugeridos ou impostos pela pusilanimidade pastoral de certos âmbitos serão objeto do julgamento da história. Pe. José Comblin não escondeu seus talentos no subsolo, semeou a Palavra, deu sua contribuição pertinente: como pastor foi sempre um *vir evangelicus*; como acadêmico nunca caiu na indiferença, no descuido e muito menos na irrisão de quem de fato é justo e competente.

Este é o Pe. José Comblin de quem fui aluno, com quem convivi e entretive longas conversas, com quem viajei e lecionei, com quem participei do primeiro Congresso de Teologia da Libertação na Espanha (El Escorial, 1972), com quem rezei, por quem tenho imensa gratidão, pois – mais que tudo – ele me evangelizou.

BRASIL 1957-1965
Chegadas e partidas

JOSÉ COMBLIN (1923-2011): TEÓLOGO, MISSIONÁRIO E EDUCADOR ATENTO AOS SINAIS DOS TEMPOS

Edelcio Ottaviani

Introdução

Em sua mensagem, escrita em 15 de agosto de 2017 e dirigida ao Dia Mundial do Migrante e do Refugiado de 2018, o papa Francisco alude à triste situação pela qual passam centenas de milhões de pessoas (crianças, jovens, adultos e velhos), que fogem das guerras, das perseguições, dos desastres naturais e da pobreza. Essa situação ele já havia observado por ocasião de sua visita à ilha de Lampeduza, em 8 de julho de 2013. Tomado por ele como um "sinal dos tempos" (ST), a ser lido à luz do Espírito Santo, o fenômeno migratório incitou o Papa a propor todo um programa de ação baseado nos verbos: acolher, proteger, promover e integrar, como contribuição de toda a Igreja à efetivação dos dois acordos (*Global Compacts*) – firmados em 2016 pela Organização das Nações Unidas (ONU) – em favor da salvaguarda dos Migrantes e dos Refugiados. No desenrolar da mensagem, o Papa especifica os princípios desse programa de ação e as formas possíveis para sua concretização.

Ao convite do papa Francisco em prescrutar os ST, feito não somente nessa mensagem, mas em homilias, documentos, exortações e constituição apostólicas[1], voltamo-nos então para José Comblin, por encontrar nele o modelo de teólogo, missionário e educador que soube, desde muito cedo, ler os ST. Por ter integrado tão bem a leitura dos ST a sua vida, creio que ele seja uma referência primordial

[1] Somente a título de exemplo, podemos notar a incidência de tal noção na homilia de 23/10/2015, na Casa Santa Marta; em um documento recente em preparação do Sínodo dos Bispos, a ocorrer em 2023 sobre a Sinodalidade; nas Exortações Apostólicas *Evangelii Gaudium* (n. 51) e *Amoris Laetitia* (n. 46) e na Constituição Apostólica *Praedicate Evangelium.* Nesta última a expressão ST ocorre no parágrafo 10, do Preâmbulo; no parágrafo 7, do Capítulo I, sobre os "Princípios e Critérios para o serviço da Cúria Romana"; e na 1ª seção do Art. 57, referente à primeira função do Dicastério para a Evangelização, que é a de promover "a evangelização através do **discernimento dos sinais dos tempos** e do estudo das condições socioeconômicas e ambientais dos destinatários do anúncio do Evangelho" (Grifo nosso). No parágrafo 31 de *Amoris Laetitia*, o Papa Francisco exorta: "É salutar prestar atenção à realidade concreta, porque "os pedidos e os apelos do Espírito ressoam também nos acontecimentos da história".

para todo aquele que deseja aprender a discernir esses mesmos sinais à luz do Espírito Santo.

Desenvolvido em quatro tópicos, este capítulo procurará mostrar, em um primeiro momento, como a noção ST esteve presente em vários dos escritos de Comblin e o quanto a leitura desses sinais lhe foi cara, desde seus primeiros anos como estudante de Teologia até o fim de sua vida. Nesse primeiro tópico, destacaremos obviamente a compreensão que ele próprio tinha dessa noção. No segundo tópico – em uma tentativa de mostrar o quanto a leitura dos ST se tornou uma constante em sua vida, antes mesmo de o papa João XXIII convidar os membros do Povo de Deus a seguirem a recomendação de Jesus de saber distingui-los (cf. Mt 16,3 apud *Humanae Salutis*, n. 4) –, ressaltarei a amplitude de seu primeiro exercício teológico, apresentado ao Cardeal Josef-Ernest van Roey (1874-1961) e a todo o corpo docente e discente do Seminário Maior da Arquidiocese de Malines. Publicada em 1946 na *Collectanea Mechliniensia*, a conferência do jovem seminarista, aluno do terceiro ano de Teologia, versa sobre as controvérsias de se admitir a anterioridade do casamento civil sobre o religioso, na elaboração da Constituição belga de 1831, e as vantagens da separação entre Igreja e Estado como salvaguarda da liberdade religiosa, contrariamente ao que pensavam os católicos mais fervorosos daquela época. Orientado pelo Professor P. Theeuws, o jovem teólogo ousava refletir sobre esse tema muito antes de os padres conciliares se voltarem com profundidade sobre o assunto. No terceiro tópico, mostrarei como o desenvolvimentismo, que decorreu da Segunda Grande Guerra, impeliu o jovem vigário da Paróquia *Sacré-Coeur* a dar azo a seu desejo anterior de partir como missionário em um país do então chamado Terceiro Mundo. Ao observar que o enriquecimento e o bem-estar, decorrentes da reconstrução da Europa, estavam levando os padres a se preocuparem mais com as coisas materiais e a salvaguarda de seu poder, em meio a transferências e nomeações paroquiais, do que propriamente com o serviço ao Evangelho, Comblin decide partir como missionário ao Brasil, dez anos depois de ter sido ordenado. Por fim, apresentaremos alguns indicativos de seu compromisso com a educação dos mais vulneráveis, dando especial atenção ao protagonismo das mulheres.

1. A leitura dos sinais dos tempos

Em um livro pequeno, mas não menos profundo em comparação ao conjunto de sua obra, Comblin, em 2005, procurou elencar os temas teológicos mais desafiantes para a época atual (COMBLIN, 2005b, p. 87-94). Dez foram as temáticas indicadas e comentadas por ele, dentre as quais os ST.

Mais do que um termo a indicar as condições históricas que geram problemas e suscitam uma resposta à luz do Evangelho, ST se tornou uma noção a moldar a vida e os escritos de nosso querido teólogo, caracterizada por associar, de forma intrínseca, o olhar sobre a história e a necessidade de interpretar os acontecimentos do tempo presente à luz do Espírito Santo. Vida e obra dedicadas totalmente a aplicar, em cada momento histórico, as práticas e os ensinamentos evangélicos revelados por Jesus, atualizados segundo os condicionamentos próprios de cada tempo. A nosso ver, a leitura dos ST atravessa seu percurso teológico do início ao fim. Como exemplo, na primeira década, é possível citar o relatório enviado ao diretor do Colégio Para a América Latina (COPAL), intitulado *Notes sur la situation des prêtres belges au Brésil* (1960)[2], e uma coletânea de artigos publicados entre 1961 e 1967, que trata do papel da Teologia frente à evangelização; do futuro dos estudos teológicos na América Latina; do ministério sacerdotal e da paróquia de ontem, de hoje e do amanhã. A essa coletânea ele deu o nome de "Os Sinais dos Tempos e a Evangelização" (1968). Em 1977, após sua expulsão do Brasil (1972) e vivendo sob a ditadura de Augusto Pinochet (1915-2006), ele publicou em francês, pelas Éditions Universitaires, o livro *A ideologia de Segurança Nacional.* No ítem "F" do capítulo II, ao discorrer sobre o sistema instaurado pelos regimes de Segurança Nacional, Comblin inicia o tópico pela expressão ST. Em 2005, ele publica um artigo na *Revista Concilium* intitulando-o ST, oferecendo critérios de interpretação para um melhor entendimento da expressão.

No artigo dessa revista, em nota de rodapé, ele deixa subentendido seu conhecimento das críticas que tal noção recebeu ao longo do tempo, citando, por exemplo, o livro de Clodovis Boff, que traz justamente a expressão ST como título (1979). Depois de um consistente aprofundamento bíblico e de um recenseamento do uso do termo durante o período conciliar e pós-conciliar, Clodovis aconselha a abandoná-lo, por causa da dificuldade de se estabelecer critérios hermenêuticos universais para bem interpretar os ST. Ciente das críticas contidas no livro e de julgá-lo como o estudo mais completo do uso da noção durante o Concílio (cf. COMBLIN, 2005a, p. 101 [525], nosso autor, no entanto, nunca desistiu dessa expressão. Longe de adotar uma atitude ingênua quanto a sua leitura, e levando em consideração argumentos críticos consoantes, por exemplo, aos de Paulo Suess, ele assinala que o uso da terminologia ST não esteve submetido a uma leitura unívoca, estando sempre dependente do lugar social em que está inserido o intérprete. Como diz Suess: "Pensamos com a casa onde moramos, com a cadeira onde estamos sentados, e com a mesa

[2] "Notas sobre a situação dos padres belgas no Brasil."

onde comemos" (2015, p. 895)[3]. Em suma, a leitura dos ST está intrinsecamente ligada à perspectiva sociopolítica e histórica, contemporânea ao leitor ou leitora que os interpreta. Em "Quais os desafios dos temas teológicos atuais?" (2005b), Comblin deixa subentendido que, se por um lado a expressão ST tem a felicidade de direcionar nosso olhar às realidades terrestres e interpretar o que está acontecendo no mundo atual; por outro, por si só, ela não permite perceber que a interpretação desses sinais pode ser bastante diversa, até mesmo entre aqueles que acolhem o conselho de Jesus e se esforçam por lê-los, à luz do Evangelho.

No décimo capítulo desse mesmo livro, Comblin nos lembra que, no início dos anos noventa, após a queda do Muro de Berlim e "com o fim das ideologias", muitos movimentos de direita acreditaram ser o tempo favorável para a Igreja católica reconquistar o poder perdido durante a modernidade (cf. 2005b, p. 87). Para ele, essa foi a interpretação do papa João Paulo II, ao menos nos primeiros anos de seu pontificado. Assim, tomou corpo uma forma de cristianismo distante das pautas relativas aos movimentos sociais, por considerarem-nas muito próximas das pautas socialistas. Esse distanciamento, no entanto, deu azo a modos de proceder mais alinhados à conduta neoliberal. O retorno da Teologia da Prosperidade, tão difundida entre as vertentes neopentecostais evangélicas ou mesmo católicas, é prova disso. Dessa constatação, Comblin dirige algumas perguntas: que tipo de cristianismo a burguesia vai instalar na Igreja? O que fazer com os pobres? Caso a Igreja católica tenha a recuperar seu poder temporal, como fará para conquistar as consciências? Como fará para obrigar as grandes massas a aceitarem todo o sistema católico? (cf. 2005b, p. 88-89).

Porém, alerta ele, há outra interpretação dos ST, que provém da lembrança do Concílio Vaticano II. Diz "lembrança" como uma forma irônica de chamar a atenção para "a destruição sistemática do espírito do Vaticano II", a partir do Sínodo dos Bispos de 1985 (cf. COMBLIN, 2002, p. 15). Nessa assembleia, as orientações capitaneadas pelo Cardeal Ratzinger acabaram por privar a pastoral de toda expressividade que emana dos documentos conciliares. Estes permanecem, mas o ímpeto que moveu a redação de cada um deles foi sufocado, a ponto de ter perdido seu vigor no interior e na ação da Igreja no mundo. Segundo ele, as reformas da Liturgia, do Direito Canônico e do Catecismo não realizaram mudanças estruturais expressivas e, de alguma forma, tudo permaneceu próximo ao que havia antes. Na América Latina, procurou-se apagar da memória as Conferências Episcopais de Medellín (1968) e Puebla (1979), que assumiram a árdua tarefa de ler os

[3] SUESS, Paulo. Verbete Sinais dos Tempos. In: DECIO PASSOS, João & SANCHEZ, Wagner Lopes (coord). *Dicionário do Concílio Vaticano II*, p. 895.

ST à luz do Evangelho, em meio à dura realidade que aflige os povos latino-americanos. Ao constatar a desestruturação operada pela Cúria Romana na pastoral de conjunto da América Latina, por meio de nomeações episcopais alheias ou mesmo contrárias às orientações de Medellín e Puebla, Comblin lança uma nova pergunta: "Vamos voltar a pensar de novo que a solução ao problema da pobreza está na esmola?" (2005b, p. 91). No que diz respeito à hegemonia do modelo econômico neoliberal, em uma crítica que se aproxima daquelas proferidas pelo papa Francisco na Encíclica *Laudato Si*, o teólogo acrescenta:

> A luta contra esse sistema deve abarcar todos os aspectos do sistema, ou seja, todos os aspectos da civilização. Não se trata de deficiências inevitáveis que fazem parte da imperfeição humana, nem de alguns defeitos técnicos, nem de puro atraso na distribuição dos bens da estrutura do sistema, como se fosse um defeito de funcionamento que se corrige imediatamente. Trata-se de um sistema completo em que todos estamos implicados e que reforçamos cotidianamente se não nos postarmos decididamente de modo contrário ao sistema (COMBLIN, 2005b, p. 93).

Mediante suas observações, relativas à diversidade de interpretações dos ST, impõem-se as seguintes questões: cabe-nos ainda lançar mão de uma expressão passível de uma variedade de significações? Não estaríamos reduzindo seu significado messiânico-escatológico a uma análise social de meros eventos históricos, sejam eles de âmbito político, econômico ou religioso?

Sabemos o quanto Comblin, nos últimos anos de sua vida, escreveu, em uma linguagem simples, mas não simplista, sobre a espiritualidade de Jesus[4]. Voltar nosso olhar para a prática e os ensinamentos do Filho de José, o carpinteiro, corresponde também a reconhecer seu valor incomparável. Só consegue colocá-lo no patamar de Filho de Deus quem o conhece, não propriamente por meio de ideias, mas antes pela experiência. Diferentemente da experiência científica, que conhece uma parte do mundo, a experiência que vem do amor testemunhado por Jesus abrange a totalidade. Quem faz a experiência dele olha para o todo, ainda que ela tenha de partir necessariamente da situação em que se encontra a parte. No caso de Jesus: o pobre. E esta perspectiva não se deve ao fato de que estes sejam santos ou de que não haja imperfeições entre eles e neles.

---

[4] Cf. COMBLIN, José. *A liberdade Cristã*. 2ª ed. São Paulo: Paulus, 2010. COMBLIN, José. *A Oração de Jesus*. 2ª ed. São Paulo: Paulus, 2010. COMBLIN, José. *Jesus enviado do Pai*. 3ª reimpressão. São Paulo: Paulus, 2012.

O livro "Quarto de Despejo" (2014), de Carolina Maria de Jesus (1914-1977), é a prova viva de que a situação dos favelados escandaliza a ela e, consequentemente, escandaliza a Deus. Ora, se ela que é imperfeita e se revolta com a degradação humana dos favelados, não se revoltaria também Deus, em sua perfeição, contra essa situação? Somente aqueles que põem o pé na lama da favela é que têm consciência de que essa forma de vida tem de mudar. No caso de Jesus, ele nasceu e viveu no meio dos pobres. Mais velho, pegou no chicote e virou a mesa dos cambistas que exploravam o sentimento religioso daqueles que tinham somente o mínimo para viver (cf. Mt 21,12-14), não sem antes deixar atrás de si os sinais da vinda do Messias preditos por Isaías e revelados aos discípulos de João Batista: "Ide contar a João o que ouvis e vedes: os *cegos recuperam a vista*, os coxos andam, os leprosos são purificados e os surdos ouvem, os mortos ressuscitam e os *pobres são evangelizados*" (Mt 11,4-5; cf. Is 35,1-6; 61,1).

2. José Comblin: um teólogo atento aos ST desde o tempo do Seminário

Como nos faz saber Monica Muggler, sua biógrafa, e os históricos escolares que se encontram nos Arquivos da Arquidiocese de *Malines-Bruxelles*, nosso teólogo sempre teve uma posição destacada nos estudos. O ingresso de Comblin na formação presbiteral ocorreu em 1940, no Seminário São José. Logo de início, os professores notaram sua alta capacidade intelectual e o encaminharam para a Universidade de Louvain, passando a morar no Seminário Leão XIII. Esse seminário fora criado pelo Cardeal Désiré-Joseph Mercier (1851-1926) para acolher os estudantes brilhantes, oriundos de diferentes dioceses da Bélgica. Nos dois primeiros anos, obteve a graduação (*candidature*) em Biologia e, no ano seguinte, o bacharelado (*baccalauréat*) em Filosofia, tendo obtido a *grande distinction* – menção honrosa de ótimo aproveitamento nos estudos (cf. TIHON, 2014, p. 17).[5] Para Comblin, a proximidade com as ciências naturais o fez aprender a respeitar o mundo científico, a honestidade intelectual e a relação entre ideias claras e palavras claramente enunciadas (cf. MONTENEGRO, 2019, p. 119). A Filosofia ensinada na Universidade de Louvain, de cunho neotomista, ensinou-lhe, por outro lado, a estar aberto ao mundo científico, às críticas modernas e às filosofias contemporâneas. Para ele, tudo isso foi acompanhado pelo exemplo de seus professores, homens simples e de fé profunda. Nesse período, há de se ressaltar o Cônego Jacques Leclerq (1891-1971) que introduziu a sociologia na Universidade Católica de Lovaina (UCL).

[5] Em seu contrato *Curriculum Vitae*, está assinalado que Comblin fez dois bacharelados: um em Ciências Biológicas e outro em Filosofia (cf. FACULDADE DE FILOSOFIA, CIÊNCIAS E LETRAS DE CAMPINAS, 1959).

Em 1943, iniciou seus estudos em Teologia, retornando ao Seminário São José de Malines. E, devido a seu excelente aproveitamento nas disciplinas, foi enviado ao Seminário Maior (*Grand Séminaire*), que teria como presidente o Cônego Émile-Joseph De Smedt (1909-1995), futuro Bispo de Bruges, de fundamental importância para a redação da Constituição Conciliar *Dei Verbum* (18/11/1965), sobre a Revelação divina, e para a Declaração *Dignitatis Humanae* (07/12/1965), sobre a liberdade religiosa. Nos três anos que cursou o bacharelado em Teologia, esteve entre os melhores alunos. No primeiro ano foi o segundo melhor aluno entre 106, no segundo ano, o melhor aluno entre 103 e no terceiro ano o segundo melhor aluno entre 98.[6] Como era de praxe no Seminário Maior, era pedido, entre os melhores alunos, que fosse apresentada uma conferência aberta, antes de partirem para os estudos pós-graduados. Ela deveria ser realizada diante de todo o corpo discente e docente, com a presença do Cardeal van Roey. Em 1946, Comblin foi escolhido. Ele apresentou uma exposição sobre a *Anterioridade do casamento civil na Constituição belga.* Segundo André Tihon, por ser bem conhecido de seus professores, estes lhe propuseram uma exposição especulativa que tratasse de um assunto histórico centrado na relação entre a Igreja e o Estado (cf. TIHON, 2014, p. 17).

Para termos uma ideia da problemática abordada por Comblin, abramos um parêntesis e voltemo-nos para uma polêmica a respeito da preeminência do casamento civil sobre o religioso, envolvendo o filósofo Emmanuel Kant (1724-1804) mais de um século e meio antes. Em 1784, o filósofo de *Königsberg* publicou na Revista *Die Berlinische Monatsschrift* (Revista Mensal Berlinense) o texto intitulado *Resposta à pergunta: o que são as Luzes? Beantwortung der Frage: Was ist Aufklärung?*)[7]. A publicação desse texto se deu simultaneamente a de um outro, redigido por um filósofo judeu, o Rabino Moses Mendelssohn (1729-1786), que procurou responder ao mesmo problema.[8]

A iniciativa de ambos teve lugar em meio a uma querela, cujas implicações evidenciavam o conflito moderno entre fé e razão. Essa polêmica se arrastou por quase dois anos e teve como interlocutores um anticlerical, um pastor, um rabino e um livre pensador. O editor da revista, Johann Erick Biester (1749-1816), propunha uma reflexão que tinha por título "*proposição que visa a não mais incomodar os sacerdotes (die Geistlichen) para celebrar os casamentos*". Em um tom evidentemente irônico, a começar pelo título, o autor proclama o progresso de

[6] Coletamos dos dados no Arquivo da Arquidiocese de *Malines – Bruxelles*, em julho de 2017.

[7] Por ora, apenas lembramos que a expressão *As Luzes* (que corresponde ao alemão *Aufklärung*) é comumente traduzida por 'Iluminismo', mas também por 'Esclarecimento'.

[8] O título do artigo de Moses Mendelssohn é: 'Sobre a questão: que significa esclarecer? (Über die Frage: Was heisst "aufklären"?).

uma emancipação da tutela da Igreja em seu país e se insurge contra a religião, que ele qualifica de "obscura superstição com efeitos funestos para o povo" (apud MORANA, 2006, p. 6), condenada a ser coisa inútil, ineficaz e um fator de desestabilização social em qualquer país.

Ao propor um recuo progressivo da religião em favor do poder do Estado e ao atacar o matrimônio, Biester procurava simbolicamente destituir o casamento de todo o revestimento sagrado e fazê-lo aceder ao estatuto dos outros atos legais que, por não contarem com a presença do sacerdote, eram assim relativizados. "Ao proclamar a uniformização do valor de todo contrato legal, incluso o matrimônio, Biester, na verdade, enquanto bom representante da *Aufklärung*, defende a abolição de todo estatuto excepcional acordado à religião e reclama seu recuo progressivo da vida pública e institucional" (apud MORANA, 2006, p. 6). Foi justamente em resposta a esse texto que o filósofo popular e Pastor Johann Friedrich Zöllner publicou seu texto intitulado: 'É realmente oportuno não mais sancionar religiosamente o matrimônio?', replicando, ponto a ponto, a argumentação de Biester, Zöllner. No final do artigo deixa sua resposta: "Não, a religião não é de forma alguma um fator de desestabilização social e, nestes tempos decadentes, ela constitui ao contrário uma barreira à imoralidade. Por ora, os homens têm mais necessidade da religião do que dos esclarecimentos filosóficos" (apud MORANA, 2006, p. 7). Prudentemente, ele acrescenta ao final da redação: "O que são as Luzes? [*Was ist Aufklärung?*]. Esta questão que é quase tão importante quanto: 'O que é a verdade?' deveria com efeito receber uma resposta antes que se comece a esclarecer! E até o presente, eu não a encontrei em parte alguma!" (apud MORANA, 2006, p. 7).

Propositalmente instigante, essa pergunta recebeu tanto de Mendelssohn quanto de Kant uma belíssima e profunda resposta na *Die Berlinische Monatsschrift*. Ambos, ignorando um a ideia do outro, redigiram um artigo sobre a mesma questão. Mendelssohn o publicou, em setembro de 1784, e Kant em dezembro desse mesmo ano. A resposta de Mendelssohn é diferente da de Kant e gira em torno da educação e formação pessoal do sujeito (*Bildung*). Para o Filósofo e Rabino, "a vida social nos mostra que 'a destinação do homem enquanto homem' raramente se articula bem com a 'destinação enquanto cidadão' (...) e o que é útil ao homem enquanto homem não é sempre conforme ao interesse enquanto cidadão e, nesse sentido, a limitação da liberdade de pensar pode se mostrar necessária à manutenção da ordem social existente" (apud MORANA, 2006, p. 46). Para ele, uma irrestrita autonomia da razão é potencialmente problemática, afinal é visível a existência "do perigo de um desvio catastrófico inerente ao esforço de conhecer à aquisição do saber; bem como a existência de um abuso da razão cujas consequências funestas consistiriam no desenvolvimento do egoísmo e da imoralidade" (apud MORANA, 2006, p. 47). Kant, por sua vez, não partilha com Mendelsshon da ideia de que seria às vezes necessário renunciar, quem sabe, interditar-se, à passagem da teoria à prática, ao proveito do cidadão em relação aos progressos do homem. Para Kant, isso significaria renunciar muito facilmente ao uso de sua razão alienando-a a um princípio exterior de autoridade. No entanto, não se pode negligenciar que um público só chega de maneira "lenta" às Luzes. Isto é, "uma revolução pode levar a uma queda do despotismo pessoal e da opressão interessada ou ambiciosa, mas jamais a uma verdadeira reforma do método de pensar; ao contrário, novos preconceitos surgirão e servirão, tão bem quanto aos antigos, de borda (limite) à grande massa privada de pensamento. Ora, para propagar as *Luzes*, nada é mais necessário, verdadeiramente, do que a liberdade mais inofensiva de todas: a de fazer um uso *da razão* em todos os domínios" (apud MORANA, 2006, p. 15).

Tendo essa questão como pano de fundo, fechemos o parêntesis e voltemos à conferência de Comblin. Em seu texto, o jovem Teólogo faz uma análise detalhada da relação Igreja e Estado, estabelecida pela Constituição belga de 1831, colocando como objeto de pesquisa a *anterioridade do casamento civil na Constituição Belga* (cf. COMBLIN, 1946). Segundo ele, e contrariamente ao que pode parecer, tal constituição garantiu à Igreja católica uma liberdade dificilmente encontrada em qualquer outro país, conferindo-lhe plena liberdade de culto e a exclusão de toda medida preventiva e opondo-se a toda intromissão civil na nomeação de bispos e padres, na correspondência com a Santa Sé e na publicação de atos dos superiores eclesiásticos. No entanto, o artigo 16 contém apenas uma restrição: "o casamento civil deve sempre preceder o casamento religioso" (COMBLIN, 1946, p. 534). Comblin se pergunta: "Como essa disposição se introduziu em um texto que aliás concede generosamente a liberdade religiosa e cuja finalidade é assegurar a autonomia da potência espiritual?" (COMBLIN, 1946, p. 535).

O texto de Comblin é todo elaborado para responder a essa pergunta. No final, ele conclui que, ainda que um pouco menos que os deputados eclesiásticos, os deputados laicos compreenderam que as concessões oferecidas ao Estado, no tocante à anterioridade obrigatória do casamento civil, salvo raras exceções, significavam a perda do poder da Igreja sobre as famílias. Os deputados eclesiásticos, por conseguinte, compreenderam que estava em jogo também a perda do controle relativo a tudo aquilo que é significativo do ponto de vista civil: a legitimidade dos filhos, a estabilidade familiar, a transmissão legal dos bens e mil interesses não menos respeitáveis (cf. COMBLIN, 1946, p. 543). Não obstante essa "perda", segundo Comblin, o mais importante ficou garantido, pois o que está em jogo não é a perda do poder e dos privilégios da Igreja, mas a libertação de todo interesse fisiologista que impede o princípio de isonomia inerente a uma sociedade democrática. Comblin pôde antever na primeira alínea desse artigo, mais do que a perda de um controle da Religião Católica sobre as famílias, a defesa do direito à liberdade religiosa. Sem imaginar, ele colocava em pauta um dos temas mais candentes da atualidade e que seria, dezessete anos mais tarde, veementemente defendido por seu antigo Prefeito do Seminário, D. Émile De Smedt. Representante oficial do Secretariado para a Unidade dos Cristãos, por ocasião da elaboração da declaração *Dignitatis Humanae*. Os debates que antecederam sua promulgação provocaram uma reflexão histórica, ao alertarem para os malefícios de uma busca da verdade, própria às religiões, que colocasse em segundo plano a salvaguarda da liberdade (cf. OTTAVIANI, 2013, p. 229). A exposição de Comblin – posteriormente transformada em artigo e aparentemente deslocada de sua reflexão teológica posterior – aponta para alguns dos problemas que o inquietarão ao longo de toda a sua vida: o exercício da liberdade (central à *práxis* evangélica) e a dimensão política da religião.

3. José Comblin: um missionário movido pelos ST

Segundo o que se encontra na história dos padres *Fidei Donum*[9], radicados no Nordeste do Brasil e entrevistados por Antonio Montenegro e sua equipe, Comblin alimentava a ideia de ser padre desde os seis anos de idade (cf. MONTENEGRO, 2019, p. 117). Esse desejo fora despertado tanto por sua atuação como coroinha – ao lado de seu irmão mais novo, André, nas missas celebradas na Paróquia *Sainté-Trinité*, em Saint-Gilles, Bruxelas – quanto pelo forte sentimento religioso que animava toda a sua família. Tal como André, que se tornaria um *Père Blanc* atuante na África, o adolescente José queria ser missionário. Seu desejo de conhecer outras realidades era compatível a sua atitude de criança a observar, para além da grande janela da sala de estar, o movimento da rua.[10] A decisão de entrar para a vida religiosa e partir em missão foi manifestada a seus pais, Firmino e Alice, um mês antes de completar dezessete anos (cf. MUGGLER, 2013, p. 31). Embora já desconfiassem da iniciativa, acharam por bem consultar o tio padre, Léon Brasseur, que lhe disse: "Você é bom aluno; inteligente demais para ser missionário!" Para a família, a fala do tio tinha o peso de um pronunciamento

[9] Esse é o nome da Encíclica promulgada pelo Papa XII, em 1957, com a finalidade de incentivar o envio de missionários da Europa e da América do Norte aos países da África e da América Latina para barrar o avanço do comunismo e também do protestantismo.

[10] Em um artigo publicado na *Revista Fronteiras* exploramos essa cena que nos foi contada, em entrevista, pelo Padre Philippe Dupriez: "Tal qual a criança a olhar fixamente o que acontecia em sua rua, para além dos limitantes batentes e vitrais da janela, o jovem seminarista, e depois sacerdote e missionário José Comblin, faria de sua existência um exercício constante de olhar para a vida além dos limites estreitos da representação clerical" (OTTAVIANI, 2021, p. 609).

judicial. Assim, não procurou uma congregação, mas o Seminário Diocesano de Malinas, seguindo o itinerário de formação apresentado no tópico anterior.

Sem ousar contrariar aquele que era o diretor espiritual da família, Comblin pôs de lado a ideia de ser missionário até a década de 1950. Ela foi, no entanto, reavivada e reacendida, em sua mente e em seu coração, a partir de sua experiência pastoral como vigário na Paróquia *Sacré-Coeur de Jésus*, situada no bairro burguês de Ixelles, em Bruxelas. Foi nessa paróquia que ele começou a tomar consciência da distância existente entre o pensamento teológico desenvolvido na Universidade e a vida concreta do povo. Não precisou de muito tempo para notar a deficiência no conhecimento da Bíblia entre os leigos e, até mesmo, no meio do clero, e a consequente carência teológica que dela decorre. Seu olhar aguçado a discernir os ST o fez perceber o enorme hiato existente entre a Igreja institucional e o mundo circundante.

Como diz Monica Muggler:

> O mundo lá fora evoluía rapidamente, as ciências, a política, a economia, a sociedade, os costumes, tudo estava em movimento. E a paróquia prosseguia alheia ao mundo que a envolvia. A juventude desaparecia. Os operários das fábricas não se identificavam com uma religião tão distante de seus problemas materiais. O discurso religioso pouco a pouco ou quase nada dizia aos sofrimentos cotidianos da população (2013, p. 45).

Provocada pela "Teologia das realidades terrestres" de Gustave Thils (1909-2000) e das análises históricas do Prof. Pe. Roger Aubert (1914-2009) (cf. MUGGLER, 2013, p. 37), a leitura dos ST o levou a diagnosticar os sintomas da *decadência* em que se encontrava boa parte do clero:

> Em breve entendi que com essa pastoral [de cunho sacramental] a Igreja ia ser abandonada em uma geração. Ainda 40% da população ia à missa. Aparentemente estava tudo bem. No entanto, a cada ano diminuía a proporção de praticantes, em todos os sacramentos. E, sobretudo, se enfraquecia a fé. Os valores cristãos trazidos do mundo rural estavam sendo substituídos pelos valores da nova sociedade: dinheiro, consumo, competição, gozo. E nada se fazia. O clero completamente cego, tranquilo, vivendo uma vida bem pacata. A condição material da Igreja cada vez mais próspera. A Igreja

> nada fazia para resistir à invasão desta civilização materialista de consumo que tomava conta de tudo.
>
> Comecei a ficar preocupado e, depois, desesperado. Sentia que toda a Igreja na Europa estava no caminho da decadência e da desintegração, porque nada oferecia aos contemporâneos. Somente havia essa obsessão pelo comunismo que o Papa Pio XII alimentava sistematicamente (COMBLIN, apud MONTENEGRO, 2019, p. 124. Grifo nosso).

É estranho que Comblin tenha falado em *decadência* em uma Igreja que fez emergir a Ação Católica Específica (JOC, JUC, JAC, JEC, JIC)[11], fundada pelo Cardeal Josef Cardijn (1882-1967); que desenvolveu os grandes centros de catequese e pastoral como *Lumen Vitae* e fez emergir figuras eminentes como o Cardeal Leo-Jozef Suenens (1904-1996), grande expoente do Concílio Vaticano II. Quando lemos pela primeira vez o depoimento acima, pudemos notar, no filho de Firmino e Alice, uma inclinação a ler os ST muito antes de o papa João XXIII convidar toda a Igreja a prescrutá-los. Tal como fizemos no tópico anterior, abramos um parênteses para melhor compreender a amplitude da constatação de Comblin.

Na última década de sua produção filosófica, o pensador alemão Friedrich Nietzsche (1844-1900) fez grande uso da palavra decadência, citada por ele sempre em francês (*décadence*). No texto em que dirigiu fortes críticas ao compositor Richard Wagner (1813-1883), intitulado *O Caso Wagner*, ela serviu de eixo transversal para desenvolver uma reflexão sobre a vaidade wagneriana que – em prol da construção de um teatro em Bayreuth, Baviera, voltado para a encenação de suas óperas – acabou por trair os ideais que os unira em sua juventude. O termo *décadence* passa, desde então, a integrar os conceitos fundamentais de Nietzsche para descrever o declínio de uma cultura, tanto quanto o impulso de um indivíduo ou de um povo, para pensar outra forma de vida, que ascenda e não decaia a um estado inferior (cf. BORCHMEYER, 2014, p. 140).

Sem entrar na polêmica nietzschiana com o célebre compositor, *décadence* adquire o sentido de uma vida em que a Parte tende a tomar conta do Todo. No caso de Wagner, trata-se da vaidade que o fez trair um projeto maior. *Décadence* é, pois, para Nietzsche, a tendência contemporânea da qual Wagner é um exemplo, que faz com que algo secundário atraia para si o espaço e o tempo que deveriam ser empregados na concretização de um ideal maior (o Todo). No estado de *décadence*, o que é primário dá lugar ao que lhe devia estar a serviço. Nas óperas de

[11] Siglas respectivas da Juventude Operária Católica, Juventude Universitária Católica, Juventude Agrária Católica, Juventude Estudantil Católica, Juventude Independente Católica.

Wagner, o valor de uma frase musical explorada ao máximo, acaba por ofuscar o sentido global da melodia criada por ele. No tocante à história da Igreja, pode-se dizer que o mesmo ocorreu com Pio XII (1876-1958). Sua obsessão em combater o comunismo fechou seus olhos ao esforço da *Nouvelle Théologie* e dos *Padres Operários* em voltar às raízes do Evangelho e torná-lo a força motriz para combater as grandes injustiças no mundo. Ele passou a associar ao comunismo toda e qualquer luta política pela justiça social. O mesmo ocorreria com o papa João Paulo II em relação à Teologia da Libertação meio século mais tarde.

Para Nietzsche, portanto, aquele que tem a intenção de superar o estado de *décadence* deve tê-lo vivenciado em si próprio; colocando-se diante dele e penetrando-o até o fundo [como ele próprio o fez ao mergulhar no universo wagneriano]. Tal como aquele que, para não se afogar em uma piscina, vai até o piso, dá um impulso e se agarra à borda para dela sair. À luz deste pensamento e fechando o parênteses, analisemos "o tocar o fundo do poço" de Comblin, ao perceber a decadência iminente em que vivia a Igreja europeia:

> Pouco a pouco percebi que as nossas reuniões dos padres da paróquia sempre giravam em torno do mesmo assunto. No fundo, sempre era o problema de poder. Como reforçar nosso poder? Como ter mais gente? Como aumentar nossa influência política? O que construir? Onde arranjar dinheiro? Jamais o Evangelho era nossa preocupação. O Evangelho só servia no momento do sermão ou da catequese. Esta preocupação pelo poder parecia tanto mais importante que insensivelmente estávamos perdendo esse poder. (...) Eu comecei a pensar: "Não vou dedicar a minha vida a contemplar a decadência da Igreja na Europa e finalmente a sua agonia. Vou tentar encontrar no mundo outra possibilidade. Mas onde? (apud MONTENEGRO, 2019, p. 126. Grifo nosso).

Partir para uma terra em que o anúncio e a prática do Evangelho sejam realmente o centro de atenção da estrutura eclesial tornou-se o objetivo primordial desse período da vida de Comblin. Sem o saber, em uma atitude extemporânea, antecipava ele o necessário afastamento da autorreferencialidade, denunciada pelo papa Francisco, que faz com que a Parte passe a ter mais importância do que o Todo (cf. *Evangelii Gaudium*, n. 234). A experiência pastoral em Ixelles lhe havia mostrado que a preocupação em obter mais poder e dinheiro, para aumentar a influência da Igreja na sociedade, fez com que a preocupação com a Parte tivesse tomado o lugar do zelo pelo Todo, ou seja, o zelo em tornar a vida conforme o Evangelho:

> Cada um dos padres tomado isoladamente na vida individual privada era uma ótima pessoa. Quando assumiam o papel de padre e quando se reuniam, imediatamente aparecia a preocupação pelo poder. Nesse momento entendi que jamais uma paróquia poderia evangelizar. Ela pode conquistar fiéis, acumular dinheiro ou poder, organizar grandes manifestações de poder, mas não pode evangelizar. Inclusive o Evangelho só pode atrapalhar os projetos de poder. Isto não está ligado à pessoa dos padres, e sim à própria estrutura, justamente essa estrutura que o Papa [Pio XII] queria defender, com o apoio da grande maioria do clero (apud MONTENEGRO, 2019, p. 126).

Procurando se agarrar em alguma borda desse poço de *décadence*, em 11 de novembro de 1955, Comblin escreveu uma carta ao Cardeal van Roey, solicitando sua anuência para servir como missionário na América Latina. Não recebeu dele nenhuma resposta, nem positiva e nem negativa. Silêncio completo. Dois anos depois, em 3 de setembro de 1957, apoiado nos apelos do papa Pio XXII e na solicitação concreta de D. Paulo de Tarso Campos (1895-1970), arcebispo de Campinas, ele volta a manifestar seu desejo de partir em missão. Desde 1952 e mais enfaticamente em 1957, por meio da Encíclica *Fidei Donus*, o papa Pio XXII havia feito um apelo urgente aos prelados da Europa para que enviassem missionários aos países latino-americanos, a fim de barrar o avanço dos comunistas e dos protestantes sobre a seara católica. D. Paulo de Tarso, Reitor da PUC-SP e também Grão Chanceler da PUCC, havia solicitado da Universidade em que estudara, além de dois outros padres para ensinar a Filosofia e a Filologia Clássica, um Doutor em Teologia. Comblin viu nessa confluência de desejos a oportunidade de sair do estado de decadência em que se achava. Encontrava-se aí a borda almejada.

Em 27 de outubro de 1957, recebeu finalmente o consentimento do Cardeal van Roey para partir. No final desse mesmo ano, entrou para o Colégio Pró-América Latina (COPAL), a fim de se preparar para a missão. Segundo as orientações do Colégio, os candidatos deviam passar em torno de seis meses no local para "aprender a língua e se familiarizar um pouco com as obras e a atmosfera da vida da América Latina" (cf. ARCHIVES DE MALINES-BRUXELLES. Dossiê COPAL).[12] Comblin permaneceu ali até 29 de junho de 1958, dia em que embarcou

[12] Essas informações estão registradas em um boletim do Centro de Informação de Imprensa, datado de 18 de abril de 1955, praticamente sete meses após a inauguração do COPAL, em 24 de setembro de 1954, ainda que sua fundação tenha obtido a anuência da "Sagrada Congregação Consistorial" (atual Congregação para os Bispos) em 30 de maio de 1953.

rumo ao Brasil. Seis meses mais tarde, vieram se juntar a ele os Padres Carl Laga (Doutor em Letras Clássicas) e Michel Schooyans (Doutor em Filosofia), que vieram de navio. O pedido de D. Paulo de Tarso ao COPAL, de enviar três professores para o serviço na recém-criada Pontifícia Universidade Católica de Campinas (PUCC), foi ao encontro das orientações da instituição belga de não enviar missionários desacompanhados, mas em pequeno grupo, para que, no início, não se sentissem sozinhos e se apoiassem mutuamente.

É bem verdade que o diretor do COPAL havia ponderado se Comblin seria o missionário mais adequado à solicitação de um bispo de uma Diocese do interior do Estado mais populoso do Brasil. Em carta endereçada ao Cardeal van Roey, datada de 24 de outubro de 1957, o presidente do COPAL, Mons. Fernand van Steenberghen (1904-1993), escreve:

> O senhor vigário Joseph Comblin deseja, há alguns anos, responder ao apelo do Papa em favor da América Latina. Ele escreveu à Vsa. Eminência em 1955 e em 1957, mas sem receber resposta alguma, nem positiva nem negativa. Eu presumo que as hesitações de Vsa Eminência não sejam relativas aos fatos que conduziram a retirar o Sr. Comblin de seu ensino em Alost. Esses fatos, aliás, levaram-me a perguntar se as tendências doutrinais do Sr. Comblin não seriam uma contraindicação para a América Latina, lugar de tradição e tendências muito conservadoras. Por outro lado, conhecendo o Sr. Comblin desde o início da vida seminarística, eu sei que ele é excepcionalmente inteligente, verdadeiramente piedoso e dócil. Eu tive uma longa conversa a respeito de seu ensino em Alost e me pareceu que suas reações eram sábias e judiciosas; agora ele leva mais em conta a necessidade de ser bem prudente nessas matérias delicadas. Eu sou levado a crer que, bem acompanhado e bem aconselhado, o Sr. Comblin poderia fazer um bom trabalho no ensino.
>
> Ora, falta-nos precisamente um homem para completar o grupo de padres solicitados por S. Excia. D. Campos, bispo de Campinas (Brasil) e antigo aluno de Lovaina. É lhe necessário, para a jovem Universidade de Campinas, um professor de filosofia (que será o Sr. Schooyans), um professor de filologia clássica (que será o Sr. Laga, de Roulers) e um professor de teologia (que poderia ser o Sr. Comblin). Trabalhando com seus dois confrades de bom julgamento, o Sr. Comblin saberia evitar, eu creio, as imprudências de linguagem que ele

> teve em Alost. E ele colocaria ao serviço do Brasil a mais bela formação que ele recebeu em Lovaina (ARCHIVES DE MALINES-BRUXELLES. Dossiê COPAL).

É, pois, André Tihon que esclarece quais foram as imprudências de linguagem que fizeram Comblin deixar o Curso de Sagradas Escrituras no CIBE (*Centre d'Instruction pour Brancardies Ecclésiastiques*), situado na cidade de Alost, no leste de Flandres, região norte da Bélgica. Esse curso fora criado pelo Cardeal Désiré Félicien Mercier (1851-1926) no intuito de dar uma formação teológica aos seminaristas durante o serviço militar. Segundo o Cardeal, na Primeira Grande Guerra, milhares de jovens sacrificaram sua vida para a salvação da Pátria. Era preciso que os jovens seminaristas também dessem seu exemplo, desenvolvendo seu serviço militar no espírito de resistência às forças invasoras, na função de capelães ou enfermeiros. Segundo Tihon, Comblin lecionou no CIBE as seguintes disciplinas: Atos dos Apóstolos, São Paulo, o Antigo Testamento, o Apocalipse e o Evangelho de São João. No entanto, "seu franco-falar e seu gosto pelo paradoxo lhe valeram a incompreensão e alguns aborrecimentos". Em julho de 1957, ele é destituído de seu curso (cf. THION, apud DUPRIER, 2014, p. 18).

Em entrevista a nós concedida, em julho de 2017, Tihon disse que, em certa ocasião, o reitor do CIBE notou que alguns seminaristas não estavam comparecendo a algumas atividades litúrgicas e práticas de piedade. Indagou-lhes a razão e recebeu como resposta o seguinte: "o Pe. Comblin disse que a oração do terço não serve para nada". Certamente ele teria dito, por meio dessa frase, que a oração do terço se não for acompanhada de uma práxis evangélica seria inócua. Fora de contexto, a frase dita dessa forma, não soou bem aos ouvidos do Reitor do CIBE. Além disso, o método histórico-crítico empregado por ele nas aulas de Sagrada Escritura incomodava. Como resposta, o Reitor solicitou sua demissão. Estava posta aí mais uma razão para que Comblin se sentisse pronto para partir da Bélgica rumo a um país de missão.

4. José Comblin: um educador fora de seu tempo por um tempo que há de vir

O primeiro encontro de Comblin com o ainda Bispo de Campinas, D. Paulo de Tarso Campos[13], deu-se logo depois de ter chegado ao Brasil, ou seja, em 1º de

[13] Dom Paulo foi elevado à condição de Arcebispo Metropolitano no dia 16 de novembro de 1958, quando recebeu o Pálio das mãos de Dom Armando Lombardi, o então Núncio Apostólico, por ocasião da criação da Arquidiocese e Província Eclesiástica de Campinas (cf. SITE DA ARQUIDIOCESE DE CAMPINAS). Apud

julho de 1958. A viagem de Bruxelas a Campinas foi longa: Escalas em Lisboa, Recife, Rio de Janeiro e, por fim, desembarque em Congonhas. Segundo Monica Muggler, ele chegou na tarde do dia 30 de junho e foi recebido pelo Cônego Thiers, que o levou à Comunidade das Cônegas de Santo Agostinho, instalada no Colégio Des Oiseaux. Eram freiras belgas de língua francesa. Depois de uma estada junto às irmãs, partiram para Campinas, em ônibus. Ao chegarem, foram diretamente ao Palácio Episcopal. Era o início das férias escolares. Durante o período estival de julho, aproveitou para assistir a algumas reuniões, fazer algumas visitas, andar pela cidade, "observar, conhecer" (cf. MUGGLER, 2013, p. 50).

Sem ter recebido do bispo brasileiro um projeto concreto na área de sua formação doutoral (Teologia), Comblin passou, nos primeiros seis meses, a lecionar Física e Química no Seminário menor de Campinas. É notável que D. Paulo de Tarso de Campos tenha requerido junto ao COPAL um Professor Doutor em Teologia, mas tenha apresentado ao Pe. Albert Sireau, diretor do colégio naquele ano, propostas de trabalho alheia à especialidade do teólogo belga. Assim escreve ele em 14 de março de 1958:

> Para o Pe. Comblin destino a capela de um bom Colégio no centro da cidade; residirá provisoriamente no Seminário diocesano, onde poderá dar algumas aulas. No próximo ano, talvez, possa também o desejar, alguma aula na Universidade. Se preferir o ministério, também haverá facilidade.
> No seminário poderia lecionar francês, grego, alguma cousa (sic) de matemáticas etc.
> O que é de muita importância, para facilitar a sua adaptação rápida entre nós e que vá se exercitando bem na língua (apud CENTRO DE PESQUISA E DOCUMENTAÇÃO JOSÉ COMBLIN – UNICAP).

É notória a falta de um projeto concreto na área de atuação de Comblin. Há uma incongruência no pedido e na oferta do Bispo. Tudo é muito vago: poderá dar algumas aulas no Seminário menor, se desejar alguma aula na Universidade ou ainda exercer o ministério em alguma paróquia. Sem desmerecer ninguém, para essas funções seria realmente necessário requerer uma das mentes mais brilhantes e promissoras da Universidade Católica de Louvain? O fato de aproveitarem mal o rico material humano e intelectual colocado à disposição da Universi-

CENTRO DE PESQUISA E DOCUMENTAÇÃO JOSÉ COMBLIN – UNICAP. Disponível em: http://arquidiocesecampinas.com/clero/dom-paulo-de-tarso-campos/. Acesso em 21 de agosto de 2023.

dade Católica de Campinas faria com que o Cardeal Leon-Josef Suenens, sucessor do Cardeal van Roey, solicitasse a D. Paulo de Tarso a liberação de Schooyans e Comblin. Em carta datada de 30 de outubro de 1961, o cardeal pedia a dispensa deles do contrato de cinco anos efetuado com a Arquidiocese de Campinas, para que pudessem atuar em outro lugar. Fica então a pergunta: por que Comblin teria então aceitado o convite de D. Paulo, nada adequado a sua área de especialização? Para nós, ele avistara nesse convite a borda necessária para se agarrar e sair do poço de *décadence* em que se vira inserido. Em sua fé, sabia que o Espírito não se furtaria a guiá-lo em seu desejo de servir de corpo e alma à causa do Evangelho, mesmo que para isso tivesse de começar pelas aulas de Física, ministradas em um Seminário menor.

Pastoralmente, segundo o que lhe foi ofertado pelo bispo, atuou como capelão das Irmãs Calvarianas e foi convidado a assessorar a Juventude Operária Católica da Arquidiocese (JOC), tendo recebido vários convites para dar palestras em Grupos Jocistas de outros municípios, para além de Campinas.

No que diz respeito a sua atuação como capelão, eis o que diz a Irmã Regina Laura Agostini:

> Foi em 1958 que conheci o Pe. José Comblin, no Colégio Sagrado Coração de Jesus, em Campinas, onde foi capelão.
> Neste tempo eu era estudante e apreciava muito suas homilias. Lembro-me perfeitamente quando comentou Lc 7,18-23 que narra a dúvida de João Batista a respeito de Jesus: "És tu o que há de vir ou devemos esperar outro?". Ele insistiu muito, afirmando que não se deve ter medo das dúvidas. João Batista teve uma crise de fé. A crise é necessária para se encontrar a verdade. No plano espiritual, a crise purifica nossa fé. Não se deve fugir da crise, mas procurar ajuda como fez João Batista.
> Fazendo hoje uma releitura de suas homilias, percebo-o como alguém aberto, de visão larga, de espírito crítico, alguém que incentivava a busca. À minha frente descortinava-se um novo modo de ler e interpretar a Bíblia. Com uma linguagem simples ele conduzia a descobertas profundas. Percebia-se a preocupação de conscientizar, mais que instruir. Partia sempre da realidade. Eu o percebia como alguém fluente, culto, simples, profundo, crítico, estimulador (AGOSTINI, 2017).

Esse olhar sobre a realidade, característica de toda a sua vida, nós o notamos não somente nas "Notas" que viria a escrever em 1960, ao refletir sobre a "Situação dos Padres Belgas no Brasil" como em pequenos relatos, tal qual aquele dirigido ao COPAL, elaborado praticamente um mês após sua chegada. Em carta datada de 25 de julho de 1958, vemo-lo partilhar suas primeiras impressões sobre a cidade de Campinas e a transformação pela qual passava São Paulo: "O Estado está se tornando quase exclusivamente industrial. Os campos estão se esvaziando. Daqui a pouco não haverá mais do que cidades, distantes entre si de 20 a 50 km" (apud MUGGLER, 2013, p. 51).

No decorrer de sua função como assessor da JOC, pôde perceber que muitos padres haviam perdido o entusiasmo pela Ação Católica, talvez por trabalharem de forma desordenada. Passados quatro meses desde sua chegada, em 29 de outubro de 1958, assim escreve ele a sua mãe, expressando suas primeiras impressões sobre o apostolado no Brasil:

> Aqui muitas coisas existem somente no papel, mas não funcionam na prática. De todas as maneiras, nada há para aprender acerca dos métodos apostólicos. Em princípio tudo se faz de modo desordenado. Quer-se atingir as metas rapidamente, sem preparação. Muitos padres se desgostaram da Ação Católica. Será preciso tempo para que isso seja parecido ao que se faz na Bélgica, apesar de todas as insuficiências belgas (apud MUGGLER, 2013, p. 53).

Essa experiência, associada àquilo que já observara em seu estágio pastoral na Bélgica, foi o suficiente para que ele publicasse, em julho de 1961, seu primeiro livro, intitulado *Echec de l'Action Catholique?* (Fracasso da Ação Católica?). Nessa obra, Comblin reflete sobre o apostolado leigo e seu papel no seio da Igreja. Propõe-se a elaborar uma teologia provisória do laicato e analisa profundamente os fundamentos e a evolução do movimento fundado pelo Cardeal Josef Cardijn (COMBLIN, 1961, p. 16-17). Segundo ele, "A teologia poderia assumir como missão triar, entre todos os temas em agitação no mundo cristão, aqueles que vão no sentido de uma evolução e que convêm aos estágios ulteriores do desenvolvimento. (...) Seu papel seria o de desencadear (*dégager*) os temas que serão a teoria de amanhã, aquela pode melhor orientar os novos desenvolvimentos" (COMBLIN, 1961, p. 16). Ao analisar o movimento da Ação Católica e sua relação com a hierarquia da Igreja, Comblin conclui que, apesar de todos os avanços da militância laica, os Jocistas não conseguiram compreender o papel específico dos leigos na história da salvação. Terminaram por ser uma espécie de fileiras a engrossar a máquina institucional, deixando para trás a grande intuição do Cardeal Cardijn que era o de evangelizar homens e mulheres dos meios operário, agrário, estudantil e universitário. Em vez de concretizar-se em uma 'Igreja em saída', como queria Jesus e como hoje o deseja o papa Francisco, a Ação Católica passou a ser um movimento voltado para a defesa dos interesses e das prioridades do clero e de sua autopreservação, ao passo que a mensagem evangélica visa a emitir o julgamento de Deus sobre o mundo e a civilização. Segundo Comblin, pertence ao clero e aos leigos também, ainda que de forma diferente:

> Dirigir e aplicar, através do tempo e do espaço, uma acusação aos homens por causa do uso que eles fazem da terra. Pertence à hierarquia denunciar os falsos fins aos quais os homens submetem suas conquistas e descobertas. Denunciar o orgulho, a sensualidade, a avareza aos quais os homens submetem a terra. Denunciar o que, em nome da civilização, se reveste de interesses sórdidos, paixões não confessadas, egoísmos camuflados (COMBLIN, 1961, p. 167).

Realizar um diagnóstico da realidade em que se encontra inserido, discernir nela os mais variados acontecimentos, percebendo, por meio deles, os entraves ou as condições mais propícias ao anúncio do Evangelho e ao advento do Reino de Deus, eis aí a leitura dos ST que Comblin soube concretizar ao longo de toda a sua vida e em todos os momentos e lugares pelos quais passou. Mas como poder transformar aquilo que precisa ser transformado, à luz dos critérios evangélicos? Para Comblin, trata-se, antes de tudo, de formar a elite capaz de levar avante esse projeto. Não se trata de uma elite econômica, mas uma elite condizente ao que os gregos antigos chamariam de *aristoi*, os melhores do ponto de vista do Evangelho, capazes de atrair multidões: isso depende antes de tudo dos próprios cristãos, de sua disponibilidade e da transparência do Evangelho que se revela por meio de seus atos (COMBLIN, 1961, p. 172).

No tocante à educação formal em Campinas, além de sua experiência inicial no Seminário Menor, a contribuição de Comblin teve início com a abertura do ano letivo de 1959. Em ata de Reunião da Faculdade de Filosofia, Ciências e Letras, datada de 10 de março daquele ano (cf. 1959a), Comblin é designado para as disciplinas de História da Filosofia e Psicologia Racional, no Curso de Filosofia, "com vaga decorrente do afastamento dessas cadeiras dos senhores professores Pe. José Narciso V. Ehrenberg e Pe. Waldemiro Caram". No entanto, na *Revista de Filosofia de Campinas* (1960, p. 121), ele é apresentado como professor para a cadeira de Filosofia Geral (Teodiceia). A notar a designação de Comblin para o Curso de Filosofia por dois anos consecutivos, compreende-se sua crítica à falta de clareza tanto dos projetos a serem pensados por quem recebe missionários do COPAL quanto do COPAL em relação ao que se espera deles, nas Dioceses de quem os recebe. Isso ele acusará em suas "Notas" (1960, p. 4): "O que o clero brasileiro espera dos padres belgas não corresponde exatamente ao que estes desejam oferecer, e o que os padres belgas, ao entrarem no Brasil, desejam oferecer, não é exatamente o que a Igreja brasileira em geral aguarda e espera deles". Em razão dessa falta de clareza e por estar atuando em uma área fora da qual ele se especializara (Teologia), aceitou o convite dos dominicanos para lecionar Sagrada Escritura na Escola de Teologia criada por eles (*Studium Theologicum*), tendo sidos seus alunos Frei Beto e Frei Tito (cf. MUGGLER, 2013, p. 55-56).

Ao lermos as atas dos exames parciais de 1960, por exemplo, percebemos a rigidez com a qual Comblin, Schooyans e Laga avaliavam seus alunos. Quando formavam maioria na banca, geralmente composta de três professores, as notas não passavam de 6,5. Quando a banca era composta somente por professores brasileiros, as notas pulavam para 9,0. No exame escrito de Filosofia Geral (Ética), 2ª chamada, 1ª série, com 5 alunos, fizeram parte da banca José Comblin, Michel Schooyans e Roberto P. de Almeida. Nesse exame, por exemplo, Salma Tannus Muchail obteve nota 6,5. No exame de Filosofia Geral (Ética), 2ª chamada, 2ª série, 6 alunos, fizeram também parte da banca José Comblin, Michel Schooyans e Roberto P. de Almeida. Nesse exame, Lígia Fraga obteve nota 6,5 também. Porém, no Exame oral de Filosofia Geral (Teodiceia), 2ª chamada, 2ª série, com 6 alunos, tendo na banca José Comblin, Michel Schooyans, Carl Laga, Lígia Fraga tirou nota máxima (10,0). O mesmo ocorreu no exame de Salma Tannus. Essa discrepância poderia indicar a maior desenvoltura dos brasileiros na transmissão oral do conhecimento do que por meio da escrita, fruto, talvez, de uma falta de tradição na formação básica e na orientação para a pesquisa e transmissão metódica de dados. É no intuito talvez de suprir essa carência que Comblin convidou Salma Tannus e Lígia Fraga para uma orientação personalizada na pesquisa. A desenvoltura nos estudos dessas alunas fez com que Schooyans e Comblin se empenhassem com todo o esforço para que elas fossem estudar na Universidade Católica de Louvain.

Salma Tannus, professora do Programa de Estudos Pós-graduados em Filosofia da PUCSP, e uma das maiores especialistas no pensamento de Michel Foucault no Brasil, escreve a respeito do perfil educativo de Comblin:

> Fui aluna dele na PUC de Campinas, nos anos de 1959 a 1962, época em que, juntamente com o Pe. Michel Schooyans, ele iniciava suas atividades no Brasil. Ambos eram professores no curso de filosofia. Em 1959 eu fazia o 1º ano de pedagogia (que contava com mais de 80 alunos) e tive aulas com ele, em conjunto com os alunos de filosofia (que contava com uma dezena de alunos). Foi aí que "descobri" o gosto da filosofia e me interessei por mudar de curso. Assim, de 1960 a 1962, agora no curso de filosofia, continuei sua aluna. Neste período, tive o enorme privilégio de realizar um trabalho que hoje poderá ser denominado de "iniciação à pesquisa", sob a orientação de Comblin. Por iniciativa dele, escolheu três alunos e nos atendia em um convento (onde era capelão), para conduzir nossos estudos. Fazíamos encontros regulares e cada um de nós tinha um tema de estudo (também escolhido por ele). Este trabalho era inteiramente realizado à parte das atividades do curso de graduação em filosofia e inteiramente "livre" de notas, presenças etc. Nem sequer tinha um "nome". A partir da convivência no curso regular e nos encontros de "pesquisa, recebi o convite (que veio da parte de Comblin e Schooyans), para estudar na Universidade Católica de Louvain. Foram convidadas duas alunas que aceitaram partir para a Bélgica. Eu fui em 1963. A outra aluna, que foi um ano antes de mim (porque começara o curso diretamente em filosofia), foi Lígia Fraga de Almeida Sampaio, mais tarde professora na PUCSP e hoje na UNESP de Marília. Nossas bolsas de estudos foram concedidas pela Universidade de Louvain. As passagens aéreas, creio que foram obtidas por Comblin junto a grupos particulares de uma paróquia (nunca soube bem como, mas lembro-me que Lígia e eu fomos uma vez convidadas a nos apresentar a este grupo de pessoas, em Bruxelas) (TANNUS MUCHAIL, 2014).

O relato de Salma Tannus revela o caráter não sexista e anticlerical do Padre Professor formado em Louvain, manifestado já nos primeiros anos de seu ministério presbiteral e atuação acadêmica. É o que atesta Ivone Gebara ao tratar da "Visibilidade e Invisibilidade das mulheres na Vida e Obra de José Comblin", contemplada também ela por uma bolsa de estudos na mesma Universidade:

> Por meio do contato pessoal com ele, muitas de nós podíamos perceber o quanto ele apostava na constância e inteligência femininas para os estudos. Com isso apostava na responsabilidade maior que poderiam ter na sociedade e na Igreja. Foi graças a ele que pude estudar na universidade católica de Lovaina e de certa forma continuar seu trabalho no instituto de teologia do Recife. E, graças a ele, muitas teólogas e biblistas da América Latina optaram por uma formação universitária em teologia para estar a serviço das comunidades cristãs. Mas não foi apenas em vista da universidade que Comblin apostou nas mulheres. Ele acreditava que as mulheres, sobretudo as do campo, precisavam igualmente de uma formação adequada para enfrentar as dificuldades do êxodo rural e do abandono cultural em que ficavam as populações que ainda permaneciam no campo (GEBARA, 2012, p. 52).

Apesar de sua visão futurista encontrar respaldo em algumas alunas e alunos, a falta de perspectivas maiores na Universidade Católica de Campinas, sobretudo na área para a qual se doutorou, levou-o a aceitar o convite do Pe. Marcos Gregorio McGrath (1924-2000), decano da Faculdade de Teologia de Santiago do Chile para atuar no programa. MacGrath tinha intenção de renovar a faculdade e modificar o Projeto Pedagógico de cunho muito tradicional e escolástico (cf. MUGGLER, 2013, p. 59). Infelizmente o projeto seria abortado com a nomeação do decano a bispo de Santiago de Veráguas, no Panamá. Como havia assinado um contrato de três anos, resolveu ficar. Posteriormente, na segunda metade da década de sessenta, a convite de D. Hélder Câmara (1909-1999), Comblin procurou sistematizar o Curso de Teologia do Instituto Teológico de Recife (ITER), voltado em primeiro lugar para a formação presbiteral. Essa experiência o fez pensar em um curso de Teologia voltado mais para a área rural, denominado por ele Teologia da Enxada, visando a uma articulação entre pastoral, trabalho no campo e consagração aos estudos com vistas a um apostolado inculturado e libertador. Nas duas últimas décadas de sua vida, Comblin se dedicou à formação dos leigos e leigas, mais especificamente de um grupo de missionárias para atuar no sertão, com sede em Mogeiro e, nominado "missionárias do campo" e, posteriormente, "missionárias do meio popular" (cf. GEBARA, 2013, p. 52-53).

Conclusão

O intuito deste capítulo foi destacar os aspectos teológicos, missionários e educativos de Comblin atentos à leitura dos ST nos primeiros anos de seu ministério presbiteral e como missionário na América Latina. Aspectos esses que estarão também presentes ao longo de toda a sua vida. Destacamos suas primeiras reflexões teológicas, publicadas em periódicos e que apresentam sua conexão com temas atuais discutidos posteriormente no Concílio Vaticano II, "nos moldes da Teologia das Realidades Terrestres" de Gustave Thils. Pudemos acompanhar as incongruências notadas por ele nas preocupações do clero europeu com o seguimento de Jesus, trocando a Parte pelo Todo, deixando-se mais levar pelas relações de poder do que pelas exigências do Evangelho. Partindo como missionário, soube logo compreender as transformações pelas quais passava a sociedade brasileira, particularmente no Sudeste do Brasil. Nessa experiência, notou que seria preciso adequar o projeto do COPAL a um projeto de colaboração mais do que a um projeto de missão, com objetivos claros da parte de quem envia como de quem recebe "missionários". Essas observações podem ser mais bem observadas em suas "Notas". Por fim, no último tópico, pudemos acompanhar a atuação acadêmica de Comblin em espaços formais e informais, pautada no discernimento do Espírito, que animou as falas e as práticas de Jesus, dando especial atenção ao discipulado feminino e estabelecendo bases concretas para o discipulado de iguais.

Pelos limites já extrapolados neste capítulo, não pudemos apresentar suas impressões sobre a pedagogia do escotismo, do qual foi também assessor na Bélgica e em Campinas. Assim, diz Comblin na introdução de seu artigo, intitulado *La pédagogie scoute et le sens de l'Église*: "As observações que seguem não têm a pretensão de dar maior precisão à doutrina da Igreja, mas somente a dar maior precisão à pedagogia do sentido da Igreja, ou melhor, a maneira de fazer crescer e educar a fé na Igreja, no quadro do escotismo e ao utilizar as riquezas do método" (COMBLIN, 1956, p. 425). Assunto esse a ser explorado em outra ocasião.

BENJAMIN, Walter. *Baudelaire e a modernidade*. Belo Horizonte: Autêntica, 2015.

BÍBLIA DE JERUSALÉM. Nova edição, revista e ampliada. 2a reimpressão. São Paulo: Paulus, 2003.

BOFF, Clodovis. *Sinais dos Tempos:* princípios de leitura. São Paulo: Loyola, 1979.

BORCHMEYER, Dieter. Décadence. In: NIEMEYER, Christian. *Léxico Nietzsche*. Tradutores André M. Garcia, Ernani Chaves, Fernando Barros, Jorge Luiz Visenteiner, William Matiolli. São Paulo: Loyola, 2014.

COMBLIN, José. Notes sur la situation des prêtres belges au Brésil. Campinas: s.n., 1960. Monografia datilografada e enviada ao Diretor do Colégio Pro América Latina (COPAL). In: *Dossiê Comblin* nos *Archives de L'Archidiocèse de Malines -Bruxelles*.

COMBLIN, José. O papel histórico de Aparecida. *Revista Eclesiástica Brasileira*, Rio de Janeiro, vol. 67 fasc. 268, 2007, p. 865-885.

COMBLIN, José. *O Povo de Deus*. 2ª ed. São Paulo: Paulus, 2002.

COMBLIN, José. *Os Sinais dos Tempos e a Evangelização.* São Paulo: Duas Cidades, 1968. (Coleção Teologia Hoje).

COMBLIN, José. Os Sinais dos Tempos. *Concilium*, Petrópolis, n. 312, 2005a, p. 101-114.

COMBLIN, José. *Quais os desafios dos temas teológicos atuais?* São Paulo: Paulus, 2005b.

COMBLIN, Joseph. *A Ideologia da Segurança Nacional:* o Poder Militar na América Latina. 2. ed. Tradução de A. Veiga Filho. Rio de Janeiro: Civilização Brasileira, 1978.

COMBLIN, Joseph. *Echec de l'Action Catholique?* Paris: Éditions Universitaires, 1961.

COMBLIN, Joseph. L'antériorité du mariage civil dans la Constitution belge, em *Collectanea Mechliniensia:* commentarius scientiarum ecclesiasticum, t. XVI, 1946, p. 534- 543.

COMBLIN, Joseph. La pédagogie scoute et le sens de l'Église. *Evangeliser* (precher le Christ a notre temps), 10e Année, n. 59, Mars-Avril, 1956.

DUPRIEZ, Philippe (Org.). *Joseph Comblin:* prophètes et ami des pauvres. Bruxelles: Lessius, 2014

FACULDADE DE FILOSOFIA, CIÊNCIAS E LETRAS DE CAMPINAS. *Ata de Reunião de 10 de março de 1959a.* PUCC: Arquivos. Pesquisa realizada em 13 de junho de 2017.

FACULDADE DE FILOSOFIA, CIÊNCIAS E LETRAS DE CAMPINAS. *Relatório do 1º Semestre de 1959b.* PUCC: Arquivos. Pesquisa realizada em 13 de junho de 2017.

FACULDADE DE FILOSOFIA, CIÊNCIAS E LETRAS DE CAMPINAS. *Relatório Anual 1960*. PUCC: Arquivos. Pesquisa realizada em 13 de junho de 2017.

GEBARA, Ivone. Visibilidade e Invisibilidade das mulheres na Vida e Obra de José Comblin: um breve esboço. In HOONAERT, Eduardo (Org.). *Novos desafios para o Cristianismo: a contribuição de José Comblin*. São Paulo: Paulus, 2012.

KANT, Immanuel. *Resposta à Pergunta: Que é "Esclarecimento"?* (*Aufklärung*). 2ª ed. Tradução do alemão por Raimundo Vier. Petrópolis: Vozes, 1985. Disponível em: < https://ppgfil.propesp.ufpa.br/ARQUIVOS/Processo%20Seletivo/2019.2/KANT,%20 Immanuel.%20Que%20%C3%A9%20Esclarecimento.pdf.> Acesso em 25.8.2023.

MARIA DE JESUS, Carolina. *Quarto de Despejo*. 10ª ed. São Paulo: Ática, 2014.

MONTENEGRO, Antonio Torres. *Travessias:* padres europeus no Nordeste do Brasil (1950-1990). Recife : CEPE, 2019.

MORANA, Cyril. Introduction. In: *Emmanuel Kant, Moses Mendelssohn: Qu'est-ce que les Lumières? Établissement de l'édition, notes et postface par Cyril Morana. Traduction de l'allemand par Dominique Bourel et par Stéphane Piobetta, revues par Cyril Morana. Paris: Mille et une Nuits, département de la Librairie Artème Fayard, 2006.*

MUGGLER, Monica Maria. *Padre José Comblin:* uma vida guiada pelo Espírito. São Bernardo do Campo: Nhanduti, 2013.

NIETZSCHE, Friedrich. *Le Cas Wagner.* Traduits de l'allemand par Jean-Claude Hémery. Paris: Gallimard, 1990, § 5 p. 29.

OTTAVIANI, Edelcio. *A Busca da Liberdade no Exercício da Liberdade:* especificidades, dificuldades e espiritualidade do teólogo contemporâneo. Dissertação apresentada para a defesa de mestrado em Teologia Sistemática, concentração em Teologia Pastoral. São Paulo: PUCSP, 2013.

OTTAVIANI, Edelcio. *Eclesiologia e Resistências:* as críticas de Comblin e Papa Francisco ao poder pastoral: visões de mundo para além da janela. Recife, Fronteiras, v. 4, n. 2, p. 600-602, jul/dez. 2021.

PAPA BENTO XVI. Mensagem para o 92º dia do Migrante e do Refugiado. Disponível em: < https://www.vatican.va/content/benedict-xvi/pt/messages/migration/documents/hf_ben-xvi_mes_20051018_world-migrants-day.html.> Acesso em 3 de agosto de 2023.

PAPA FRANCISCO. Constituição Apostólica *Praedicate Evangelium* (2022). Disponível em: <https://www.vatican.va/content/francesco/pt/apost_constitutions/documents/20220319-costituzione-ap-praedicate-evangelium.html>. Acesso em 20 de abril de 2023

PAPA FRANCISCO. Documento preparatório ao Sínodo de 2023 para uma Igreja sinodal: comunhão, participação e missão. Disponível em: <https://www.vatican-

news.va/pt/vaticano/news/2021-09/texto-lido-em-portugues.html>. Acesso em 25 de novembro de 2022.

PAPA FRANCISCO. Exortação Apostólica *Amoris Laetitia*: sobre o amor na família. São Paulo: Paulus, 2016.

PAPA FRANCISCO. Exortação Apostólica *Evangelii Gaudium*: a alegria do Evangelho. Brasília: Edições CNBB, 2015.

PAPA FRANCISCO. Homilia do Papa na Casa Santa Marta. 23 de outubro de 2015. Disponível em: <https://www.vatican.va/content/francesco/pt/cotidie/2015/documents/papa-francesco-cotidie_20151023_os-tempos-mudam.html >. Acesso em 25 de novembro de 2022.

PAPA FRANCISCO. Mensagem para o 100º dia do Migrante e do Refugiado. Disponível em: < http://w2.vatican.va/content/francesco/pt/messages/migration/documents/papa-francesco_20170815_world-migrants-day-2018.pdf.> Acesso em 23 de janeiro de 2018.

PINHO, José Eduardo Borges de. A leitura dos sinais dos tempos e suas implicações na vida da Igreja. *Didaskalia,* v. XLI, 2011, p. 151-171. Disponível em: < https://revistas.ucp.pt/index.php/didaskalia/article/view/2299/2219 >. Acesso em 28 de abril de 2023.

REVISTA DA UNIVERSIDADE DE CAMPINAS. Ano VI, n. 18, junho de 1960.

SUESS, Paulo. Verbete Sinais dos Tempos. In: DECIO PASSOS, João & SANCHEZ, Wagner Lopes (coord). *Dicionário do Concílio Vaticano II.* São Paulo: Paulinas; Paulus, 2015, p. 895-901.

TIHON, André. Joseph Comblin (1923-2011). In: DUPRIEZ Philippe (Org.). *Joseph Comblin, prophète et ami des pauvres.* Bruxelles: Lessius, 2014.

Relatos e Entrevistas

AGOSTINI, Regina Aurora (Irmãs de Nossa Senhora do Calvário – INSC). *Relato sobre o Pe. Comblin.* Enviado por e-mail em 23 de junho de 2017 a Pe. Márcio Manso e dele a mim, em 25 de junho do mesmo ano.

TANNUS MUCHAIL, Salma. *Relato sobre o Pe. Comblin.* Enviado por e-mail em 28 de abril de 2014.

TIHON, André. *Entrevista.* Gravação realizada em Bruxelas, em 7 de julho de 2017.

JOSÉ COMBLIN, UMA TESTEMUNHA EPOCAL DO CONCÍLIO VATICANO II VIDA NO CHILE DE 1962 A 1965

Anderson Frezzato[1]

Escrever analisando a vida e as obras de José Comblin sempre é uma alegria. É um trabalho fascinante de descobertas e significados ante diversas frentes de seu pensamento – eclesial, social, econômico e outros mais – e que podem ser alçados como luz para nossos dias. Como teólogo perspicaz, soube à, luz da Palavra de Deus e de uma sensível leitura dos sinais dos tempos, adentrar em assuntos analiticamente oferecendo sobre eles verdadeiras sínteses que precisam ser revitalizadas. O desejo deste escrito é, assim, apresentar o teólogo belga incrustrado em uma delimitação cronológica. Analisaremos os anos de 1962 a 1965, precisamente o período cronológico que transcorreu sua vida no Chile. Mesmo tempo da realização dos trabalhos do Concílio Vaticano II, convocado pelo papa João XXIII (1881-1963) e encerrado pelo papa Paulo VI (1897-1978).

José Comblin é um belga que, na idade juvenil, aos dezessete anos, manifesta a seus pais o desejo de ser sacerdote. Desejava ser um padre missionário em terras africanas, mas dissuadido por seu tio, que também era padre, entrou, em 1940, no Seminário Diocesano de Malinas (cf. MUGGLER, 2013, p. 35). É preciso deixar claro que este desejo de ser missionário nunca se arrefeceria de seu coração e será justamente tal anelo que, posteriormente, lhe impulsionará a assumir a condição de missionário na América Latina. Pôde estudar biologia, física e química com professores que, para além do testemunho de vida e valor humano, lhe ensinaram a estudar de modo científico (cf. MUGGLER, 2013, p. 35). Fato que marcou sua persuasão metodológica até o fim da vida e a condição de ter tido contato com outras ciências e o deixou a marca de sempre fundamentar seu pensando teológico não somente sob um único ponto de vista, mas dialogal com outras vertentes do saber.

Na Universidade Católica de Louvain, mais precisamente na Faculdade de Teologia a qual estava ligado o Seminário, Comblin encontrou-se com docentes

---

[1] Doutorando em Teologia pela Pontifícia Universidade Católica de São Paulo. Mestre em Teologia pela PUCSP. Membro do Grupo de Pesquisa José Comblin/PUCSP. Professor da Escola de Ciências Humanas, Jurídicas e Sociais da Pontifícia Universidade Católica de Campinas/PUCC.

que o ajudariam a formar sua personalidade como teólogo. Posso citar Gustave Thils que contribuiu, para despertar no jovem estudante um olhar para as realidades especialmente o elemento social da Teologia. Roger Aubert, que lhe descortinará a história eclesiástica com um acento crítica da participação da Igreja na história desde sua fundação e presença na vida de muitos povos. E não devo me esquecer de Lucien Cerfaux (1883-1968), foi professor de Sagradas Escrituras, mas especificamente Novo Testamento. Comblin lhe deve toda a sua orientação bíblica especialmente construída sob a teologia paulina cujos temas, como a liberdade cristã, foram amplamente tratados em suas obras (cf. MONTENEGRO, 2020, p. 122).

Tais professores já haviam tido contato com um método de leitura teológica, chamado de histórico crítico, e de todo trouxeram para dentro de suas salas de aula essa metodologia de olhar a realidade histórica como lugar primordial do desenvolvimento da Economia da Salvação. Esse método foi muito utilizado nos debates conciliares e marcaram a feitura dos documentos finais que levam em consideração a história de Deus no meio dos homens e das mulheres. Não foi grande problema para Comblin ler posteriormente os documentos do Concílio, pois conhecia muito bem tal método que, por influência principalmente dos belgas, conquistou grande capilaridade na assembleia e nos documentos finais.

Concomitantemente a seu período de formação e primeiros anos de sacerdote, a Igreja católica na Bélgica tinha acolhido as preocupações do papa Pio XII, externadas na Carta Encíclica *Fidei Donum*, de que era preciso promover condições de enviar sacerdotes missionários à África e América Latina para ajudar na evangelização dos povos (cf. FD, n. 25). Por incentivo do Cardeal Joseph Ernest van Roey (1874-1961), em 1953 criou-se o Colégio Pró-América Latina com a missão de acolher vocações missionárias belgas para uma formação e envio para os países de missão (cf. OTTAVIANI; FREZZATO). Comblin, desejoso de partir para terras missionárias, pediu ao Cardeal van Roye para acolher seu ímpeto missionário. Havia muitos pedidos das dioceses brasileiras e, em 1958, sendo acolhida a demanda da Diocese de Campinas, no Estado de São Paulo, Comblin partiu para o Brasil (cf. MUGGLER, 2013, p. 4).

Ficou cerca de quatro anos no Brasil com trabalhos de professor no Seminário Diocesano da Arquidiocese de Campinas e como assistente eclesiástico da Juventude Operária Católica – JOC. Era convidado para muitas palestras e muitos encontros. Aceitava ir aos encontros também fora do Brasil. Aceitou, em 1960, um convite do padre McGrath para participar de um congresso organizado pela Escola de Teologia Presbiteriana, em Santiago, Chile. É a primeira vez que Comblin esteve no país chileno. McGrath era decano da Faculdade de Teologia de Santiago e considerava a "tradicional e escolástica" (MUGGLER, 2013, p. 59). Desejava trazer novas contribuições teológicas para a faculdade e convidou Comblin para ser professor neste instituto. Como Comblin não estava muito satisfeito com o trabalho que estava desempenhando no Brasil, encontrou nessa oportunidade um modo de expor sua teologia e contribuir mais contundentemente com a Igreja.

Permaneceu, assim, no Chile, de 1962 a 1965. Justamente os anos de desenvolvimento dos trabalhos conciliares. Foi morar incialmente na residência dos professores estrangeiros da Universidade Católica do Chile. Depois de seis meses, convidado pelo Pe. Carlos Gonzales, foi residir no Seminário Pontifico de Apoquindo, localizado aos pés da cordilheira do Andes. Com um olhar observador e já atento às realidades latino-americanas, Comblin não demorou muito para perceber que, apesar do ambiente no Seminário ser tranquilo, a teologia ensinada era muito tradicional e com forte ascendência europeia. Testemunha que professores que na maioria eram sacerdotes bem como os seminaristas "pouco compreendiam aquela metodologia teológica mais crítica e histórica" (MUGGLER, 2013, p. 60).

Fato este que motivou Comblin a escrever, mais tarde, que percebeu certa ausência, entre as Igrejas latinas, dos movimentos renovadores – bíblico, litúrgico, ecumênico –, que influenciaram a realização do Concílio e que estavam imbuídos do método histórico-crítico. Para o teólogo belga, pelo prisma do que estava percebendo do labor teológico no Brasil e Chile, os movimentos renovadores pré-conciliar – salvo as iniciativas da Ação Católica – bem como o Concílio Vaticano II eram todos uma grande novidade (cf. COMBLIN, 1976, p. 486). A participação dos padres latino-americanos foi inexpressiva nos trabalhos conciliares e de todo modo, a maior parte do clero e laicato o Vaticano II foi "uma surpresa total que as colocou de repente ante o desafio de assimilar em poucos meses os resultados de cerca de oitenta anos de evolução das Igrejas europeias" (COMBLIN, 1976, p. 486).

Muitas Conferências Episcopais foram chamadas a escolher colaborados para estarem presente no Concílio e assessoras nos mais diversos trabalhos, especialmente nas Sessões Conciliares. Nas Sessões, principalmente os cardeais e bispos poderiam utilizar a palavra para expor suas ideias a respeito da Igreja e/ou desenvolver algum tema adiantado pelas Comissões Preparatórias. No Chile, foram escolhidos três teólogos: "Jorge Medina, que depois se tornou bispo e cardeal; Viganó, que foi Superior Geral da Congregação dos Salesianos e Ochagavia, conselheiro geral da Companhia de Jesus". Eram professores que para estar presente em Roma necessitaram se ausentar das aulas na Universidade Católica. Foi pedido, então, a Comblin que substituísse nas aulas tais professores. Comblin aceitou, mas se arrependeu profundamente (cf. MUGGLER, 2013, p. 68).

Arrependeu-se porque poderia contribuir com o Concílio presencialmente. Havia condições para isso. Era professor com visão aguçada e tinha discernimentos frente os sinais dos tempos pelos quais a Igreja estava passando. Entendeu as ideias de Joao XXIII ao convocar a assembleia caracterizando-a como uma reunião eminentemente *pastoral.* Captou a hermenêutica da palavra *aggiornamento* como abertura da Igreja para uma mudança de suas estruturas internas – *paralisantes* e *obsoletes*, e o modo de relacionar-se com o mundo contemporâneo – *mais próxima* e *dialogal.* Tempos depois, confessou que achou melhor assumir as aulas, mas que poderia ter falado com o Cardeal Suenens, pedindo para participar do Vaticano II. Pedido que certamente seria aceito por Suenens (MUGGLER, 2013, p. 68).

> Pediram que eu os substituísse durante as sessões conciliares dando as aulas deles. Aceitei e perdi o Concílio. Tenho certeza de que, se tivesse mandado uma cartinha ao Cardeal Suenens, ele me teria convidado, porque muitas vezes pedira minha colaboração antes de minha ida ao Brasil. Lamento muito por isso (MONTENEGRO, 2020, p. 136).

Não obstante esse fato, Comblin não deixou de colaborar com o Concílio por meio da mediação dos Bispos Chilenos. Escrevia notas e artigos para os bispos expondo suas análises sobre a Igreja e a Sociedade contemporânea. Um dos prelados destacado é Dom Manuel Larraín, bispo de Talca, de quem o teólogo belga afirmou ser "um homem muito inteligente e corajoso, que teve um papel de destaque no Concílio" (MONTENEGRO, 2020, p. 137). Fundou com Dom Hélder Câmara, a Conferência Episcopal dos Bispos Latino-americanos – CELAN. Conviveu com certa proximidade do bispo chileno e viu sua dedicação pastoral mesmo diante de tempos conturbados da sociedade chilena dividida em dois projetos de sociedade – um proposto pela Democracia Cristã e outro pela União Popular. Lutou pelos direitos dos mais pobres e indefesos. Promoveu em Talca uma reforma agrária nas terras da própria diocese, provocando mal-estar entre aqueles que "mantinham um grande poder, tanto na sociedade como na Igreja" (MUGGLER, 2013, p. 69).

Mantinha muitos contatos e nas terras chilenas foi capaz de fazer muitas amizades. Destaco a amizade com Juan Subercaseaux. Era um jovem universitário com grandes condições intelectuais. Este percebia os movimentos renovadores da Igreja e na abertura do Concílio, juntamente com outros jovens estudantes, realizaram uma manifestação em frente à Basílica de São Pedro pedindo maior participação do laicato e reformas consistentes no *modus celebrandi*, ou seja, uma reforma litúrgica. Juan havia tido informações de Comblin possuía um conhecimento aprofundado da ciência teológica e que almejava contextualizar seu conhecimento a partir das realidades históricas dos povos latinos. Isso chamou muito a atenção de Juan, que tão logo pôde aproximar-se de Comblin para convidá-lo a proferir uma palestra, em 1963, no Centro de Estudos de Direito da Universidade do Chile. A palestra foi uma exposição entre o Cristianismo e o Marxismo. Tema que o teólogo belga desenvolveu com grande domínio (cf. MUGGLER, 2013, p. 65).

Com um espírito desbravador, Comblin não era alguém que se deixava intimidar com temas polêmicos a serem desenvolvidos nem muito menos com a diversidade dos ouvintes. Deixava clara sua posição e estava sempre aberto ao diálogo. Seu método era usar palavras simples que poderiam ser compreendidas sem delongas por todas as pessoas. Entendia que estar nesses espaços, nessas conferências, palestras estava prestando também um verdadeiro serviço eclesial, estabelecendo caminhos de diálogo entre a Igreja e a Sociedade. E mais, não procurava dar respostas aos problemas, mas sim direcionamentos. Não poderia ser ele a dar respostas. Oferecia luzes a partir de suas análises sempre confrontadas com o Evangelho. Levava as pessoas a pensarem e refletirem para que pudessem levantar as respostas.

Pôde acompanhar bem de perto os movimentos políticos chilenos. Em 1964, acompanhou bem de perto a campanha eleitoral entre dois candidatos: Eduardo Frei e Salvador Allende. Com diferentes programas de governo, Frei conseguiu convencer os conservadores a não apresentarem candidato de modo a ter mais espaço político para vender Allende. Desse modo, sem muita dificuldade, conseguiu vencer Allende. A agitação era muito grande em especial entre os jovens (cf. MONTENEGRO, 2020, p. 139). Comblin sempre teve muita proximidade com os jovens, pois acreditava na potencialidade de reflexão deles e de engajamento social. Mantinha diálogo com vários seguimentos juvenis, mostrando-lhes o conteúdo da Doutrina Social da Igreja, que estava em pleno desenvolvimento. Contribuiu, de todo modo, com a formação da pessoa de modo integral como um verdadeiro serviço apostólico. Estava em missão e não poderia deixar se encontrar com as pessoas visando compartilhar seus pensamentos.

Do mesmo modo que percebia os movimentos antagônicos políticos e sociais chilenos, Comblin sabia dos duros debates que eram travados dentro das Sessões Conciliares. Recebia notícias por meio dos bispos chilenos e da mídia que cobria o desenvolvimento do Concílio. Para ele, tratava-se de um grande trabalho de revisão da postura da Igreja frente a Sociedade. Revisão esta que deveria chegar à conclusão de que era preciso maior esforço eclesial para fazer da Igreja uma verdadeira extensão da vida e prática de Jesus. As mudanças deveriam ser encaminhadas de modo interno – *ad intra*, como no âmbito externo – *ad extra*.

Na visão dele, faltava que a Igreja pudesse se achegar mais próxima do Povo de Deus, especialmente os pobres. Grande passo foi dado na guinada eclesiológica que sustentava há tempos uma ação evangelizadora mantenedora da cristandade. Era preciso humildade para perceber que as sociedades modernas estavam cada vez mais longe da fé católica, e a vida, especialmente, citadina, não era mais orientada pela voz da hierarquia. A eclesiologia do Povo de Deus, que substituiu a eclesiologia da *societas perfecta*, elaborada pela Constituição *Lumen Gentium* em seu capítulo segundo, chamou-lhe tanto a atenção de modo que se dedicou no futuro – no livro *O Povo de Deus* – em aprofundar e desenvolver tal eclesiologia. Na trabalhosa a tarefa de estudar as proposições conciliares, Comblin fez um verdadeiro exercício de recepção conciliar, mormente se dedicando à Teologia do Povo de Deus.

Pôde contemplar nessa época o nascimento de um modo singular de fazer desenvolver a Teologia: Teologia da Libertação. Comblin fez parte dessa mudança e colaborou para sua concretização. Em Santiago, "começou a ter contato com alguns grupos de esquerda que o procuravam justamente por causa de sua abertura e seu diálogo com as ciências sociais, coisa que não era comum no meio teológico e escolástico tradicional" (MUGGLER, 2013, p. 71). Aos poucos, estrutura-se a Teologia da Libertação que, para Comblin, não é uma novidade ou uma criação original. Ela já está manifesta nas palavras e obras do próprio Cristo, o qual, para salvar, libertou muitas pessoas de sua marginalização espiritual e social. Justamente nessa opção se encontra a chave hermenêutica para se entender a Teologia da Libertação, foi sua sistematização realizada à luz do sofrimento dos povos latino-americanos e caribenhos. Para o teólogo belga, um dos maiores fatores que possibilitaram o surgimento da Teologia da Libertação foi justamente o Concílio Vaticano II (cf. MUGGLER, 2013, p. 72).

Em 1964, começa a participar de algumas reuniões com um grupo de teólogos. Dentre eles estavam Gustavo Gutiérrez, Segundo Galilea, Ivan Illich, Juan Luiz Segundo, Bernardo Carão, Juan Ochagavia, Gilberto Gorgulho, Lucio Gera, Henrique Cláudio de Lima Vaz e outros. O primeiro encontro aconteceu em Petrópolis. O segundo encontro aconteceu em Cuernavaca, México, na casa de Illich, de 18 a 24 de julho de 1965. O terceiro, em Santiago, na casa de Segundo Galilea; e o quarto encontro, em Montevidéu, na casa dos jesuítas, onde residia Juan Luiz Segundo. Nesses encontros, Comblin era bem discreto, pois uma parte desses teólogos pensava que sua teologia era muito europeia. No entanto, não demorou muito para que revissem suas posições e se aproximassem do modo de pensar combliniano (cf. MUGGLER, 2013, p. 73-74).

> A Teologia da Libertação foi uma semente que surgiu fora dos quadros institucionais, de forma totalmente ignorada, em reu-

> niões discretas, sem divulgação. Essa independência institucional é que permitiu seu desenvolvimento original, pois não era controlada por decanos e reitores. Aliás, nem o próprio grupo pensou que essa iniciativa de uma teologia latino-americana teria a projeção que teve (MUGGLER, 2013, p. 74).

Os movimentos conciliares inspiraram, de modo evidente, o desenvolvimento da Teologia da Libertação. Desde quando chegou à América se preocupava "em elaborar uma teologia que levasse em consideração as bases sociais e a realidade" (MUGGLER, 2013, p. 71). Estava convicto de que a teologia ensinada nos seminários de pouco ajudaria a ação evangelizadora da Igreja nos tempos modernos. Os prolegômenos filosóficos e teológicos, permeados de verbetes metafísicos, pouco responderiam aos desafios que enfrentava o Povo de Deus, de maneira especial os latino-americanos. Comblin desejava que a Teologia fosse compreendida como um serviço da Igreja frente a sua ação pastoral, ou seja, a reflexão inspiraria e orientaria a pastoral. A tarefa da teologia e dos teólogos e das teólogas é perscrutar a mensagem de Jesus e repropô-la sempre como um trabalho incansável, pois a Palavra de Deus é a vida de Jesus e a vida do Povo de Deus (COMBLIN, 2014, p. 89).

Havia ficado muito chocado tanto no Brasil antes de ir ao Chile como nas terras chilenas com o modo de desenvolver a Teologia. Assaz escolástica e muito europeia. Pensou que poderia encontrar um pensamento teológico que estive colaborando no discernimento dos movimentos sociopolítico. Publicado inicialmente no Chile e depois no Brasil, no livro *Nação e Nacionalismo,* contribuiu refletindo de maneira profunda e provocativa o complexo fenômeno do nacionalismo e sua relação com a formação das nações. Ele explora como as narrativas históricas, culturais e políticas contribuem para a construção da identidade nacional. Ao fazer isso, destaca o papel da memória coletiva, das tradições culturais e das representações simbólicas na formação dos laços nacionais. Lança luz sobre as ambiguidades inerentes ao nacionalismo, que, muitas vezes, pode ser tanto uma força unificadora quanto uma fonte de conflito.

A Teologia da Libertação não era apenas uma reflexão abstrata sobre questões religiosas, mas também um instrumento prático de análise crítica das estruturas de poder e das injustiças sociais. Ele via a teologia como uma ferramenta que poderia ser usada para interpretar a realidade, identificar opressões e desigualdades e mobilizar ação transformadora em direção a uma sociedade mais justa. Isso porque, a Igreja, na América Latina, tinha feito opção pelos pobres. Colocou os pobres preferencialmente como destinatários de seu serviço pastoral ao mesmo tempo em que tinha nos mesmos pobres os sujeitos da evangelização (cf. COMBLIN, 1985, p. 34).

A Teologia, na visão de Comblin, deveria estar enraizada nas experiências concretas das pessoas, especialmente dos mais marginalizados e oprimidos. A nobreza do labor teológico não poderia estar reduzida a analisar formalmente documentos papais. Era preciso um alargamento da reflexão teológica advindo pela admissão de novos nichos. Em outras palavras, a admissão das realidades terrenas, da historicidade do Povo de Deus (cf. COMBLIN, 1985, p. 35). Desse modo, enfatizava a importância de uma teologia que não se limitasse ao discurso acadêmico, mas que se conectasse com a vida cotidiana das pessoas, respondendo a suas lutas e esperanças. Acreditava que a teologia deveria ser uma força motriz para a mudança social, inspirando os indivíduos a se envolverem em ações de transformação política e econômica.

Isso posto, é possível compreender o motivo pelo qual Comblin assumia compromissos de escrever e publicar. A tarefa do teólogo era deixar-se mover pela realidade do Povo de Deus e procurar "comunicar, colaborar e pesquisar" (COMBLIN, 1985, p. 34) uma teologia mais contextualizada. Indubitavelmente, cada evento e experiências da vida de Comblin o tornava mais maduro e isso refletia em seu estilo teológico. Um trabalho teológico profundamente marcado por seu compromisso com a justiça social, engajamento político e sua busca por relacionar a fé cristã com as realidades concretas das pessoas. Sua influência na Teologia da Libertação e seu foco na transformação social o tornaram uma figura proeminente no pensamento teológico latino-americano.

Comblin muito contribuiu com uma teologia contextualizada na América Latina, promovendo um movimento de união da fé cristã com as realidades concretas das pessoas. Ele reconhece que a experiência religiosa não pode ser separada das circunstâncias socioeconômicas, políticas e culturais em que as pessoas vivem. Tornou-se um competente instrumento para promover o diálogo entre a mensagem cristã e a vida dos latino-americanos. Procurava, com olhares atentos, verdadeiros profetas que poderiam inspirar a vida eclesial, anunciando o Reino de Deus sem denunciar as estruturas que provocavam miséria e exclusão. Admirava a vida de Dom Manuel Larraín e já estava tendo também muitas informações sobre a vida e os posicionamentos proféticos de Dom Hélder Câmara, no Brasil.

Nas terras chilenas, compreendeu o Concílio Vaticano II como um acontecimento eclesial e uma luz profética para a vida futura da Igreja. O profetismo para ele nada tinha a ver com condições de previsão de futuro, mas uma ação pública, uma palavra *política* (cf. COMBLIN, 2008, p. 12), enraizada na capacidade de interpretar as realidades presentes à luz dos valores evangélicos. Os profetas são aqueles que falam em nome da justiça, da equidade e dos direitos humanos, muitas vezes desafiando as estruturas de poder opressivas e chamando a atenção para a exploração dos pobres e marginalizados. Comblin não era capaz de assimilar a existência de uma Igreja silenciada frente estruturas de dominação.

Não se pode esquecer que percebeu nas CEBs – Comunidades Eclesiais de Base – sua qualidade de serem espaços formativos e de vivência da Palavra e da Eucaristia. Tipo de organização eclesial em nada similar com que havia visto na Europa. A Igreja era organizada por meio de comunidades populares e lideradas por um laicato consciente do papel da Igreja em ações promotoras de libertação. Defendeu as CEBs como verdadeira expressão da Igreja (cf. COMBLIN, 2002, p. 238). Acreditava que as Comunidades Eclesiais eram uma maneira eficaz de empoderar o Povo de Deus mais marginalizado e oprimido. Elas proporcionavam um espaço no qual as vozes das pessoas comuns eram valorizadas e onde elas podiam se tornar protagonistas de sua própria libertação.

Sensivelmente desperto por sua experiência missionária e acolhendo as assertivas conciliares, Comblin empenhou-se em colaborar com a formação do laicato. Comblin via os leigos como agentes fundamentais na realização da missão da Igreja de forma contextualizada e comprometida com as realidades sociais e políticas. Reconhecia que a hierarquia da Igreja, composta por clérigos, muitas vezes não tinha uma compreensão completa das lutas e necessidades das pessoas comuns. As obras do teólogo belga são frutos também de sua preocupação formativa. Desejava contribuir com uma formação mais integral: teologal, espiritual e sociopolítica. Defendia explicitamente a necessidade de proporcionar aos leigos uma compreensão profunda das Escrituras e da Doutrina Social da Igreja, bem como uma espiritualidade enraizada nas realidades concretas da vida.

São esses e muitos outros pontos da vida de Comblin como sacerdote, teólogo e missionário latino-americano. Pôde, por sua experiência no Chile, chegar a diversas conclusões. Possivelmente uma das mais significativas é que o labor teológico precisava ser refeito para responder aos desafios da Igreja na modernidade. O Concílio promoveu e ofereceu espaço para isso e José Comblin soube aproveitar muito bem. Defendeu uma visão de compromisso cristão com as questões sociais e políticas, especialmente em um contexto de desigualdade e injustiça presentes na América Latina. Impactou significativamente na formação de líderes religiosos e leigos na América Latina, por meio de seu trabalho como professor e escritor. Ele contribuiu para a formação de uma consciência crítica entre os cristãos, incentivando-os a se envolverem ativamente na transformação das condições sociais e políticas. Sua formação acadêmica e sua atuação como teólogo o levaram a incorporar várias disciplinas, como Sociologia e Ciência política, em sua reflexão teológica.

Todavia não ficaria no Chile por muito tempo. Nos tempos de férias da Universidade, vinha ao Brasil. Em uma dessas viagens feitas ao país, mais precisamente ao Nordeste brasileiro, em janeiro de 1964, pôde conhecer um pouco a realidade da vida sofrida do nordestino. Realidade de que jamais se esqueceu. Conseguiu visitar o Seminário de Camaragibe, em Recife, ocasião em que conheceu o reitor Marcelo Carvalheira. Foi convidado pelo reitor a fazer parte da equipe que dirigia o Seminário Regional do Nordeste. Quando Dom Helder Câmara chegou ao Recife como Arcebispo, depois de estar no Rio de Janeiro como bispo auxiliar, renovou o convite. Decidiu que voltaria ao Brasil após encerrar seu contrato com a Faculdade de Teologia de Santiago, pois não via que um seminário tradicionalista, como o de Santiago, buscasse uma renovação teológica (cf. MUGGLER, 2013, p. 74).

Referências Bibliográficas

COMBLIN, José. *O Povo de Deus*. São Paulo: Paulus, 2002.

COMBLIN, José. *A profecia na Igreja*. São Paulo: Paulus, 2008.

COMBLIN, José. A virada da Teologia cristã. *Mandrágora* – Revista do Grupo de Estudos de Gênero e Religião Mandragora. Universidade Metodista de São Paulo. São Paulo, v. 20, 2014, p. 86. Disponível em: https://www.metodista.br/revistas/revistas-ims/index.php/MA/article/view/5174. Acesso em 3 de agosto de 2023.

COMBLIN, José. La Iglesia latino-americana desde Vaticano II. Diez años que hacen história. *Revista Mensaje*, n. 253. Chile: Santiago, 1976, p. 486. Disponível em: https://www.mensaje.cl/archivo-historico. Acesso em 2 de agosto de 2023.

COMBLIN, José. A tarefa dos Teólogos Latino-Americanos na atualidade. Contributo para um diálogo. *Revista Eclesiástica Brasileira*. Vol. 45, n. 177, 1985, p. 32. Disponível em: https://revistaeclesiasticabrasileira.itf.edu.br/reb/article/view/3434. Acesso em 03 de agosto 2023.

MONTENEGRO. Antonio Torres. *Travessias*. Padres europeus no nordeste do Brasil (1950-1990). Entrevista de história de vida com o Padre Joseph Comblin. Entrevistador: Antonio Montenegro. Recife: Cepe, 2020, p. 109-214.

MUGGLER, Monica Maria. Padre José Comblin. *Uma vida guiada pelo Espírito*. Nhanduti Editora: São Bernardo do Campo, 2013.

PIO XII. Carta Encíclica *Fidei Donum*, 1957. Disponível em: https://www.vatican.va/content/pius-xii/pt/encyclicals/documents/hf_p-xii_enc_21041957_fidei-donum.html. Acesso em 2 de agosto de 2023.

OTTAVIANI, Edelcio; FREZZATO, Anderson. Teologia a Marteladas. In: *Revista Paralellus* - Revista de Estudos De Religião - UNICAP, 9 (22), 20, 2018, p. 597-619. Disponível em: https://www1.unicap.br/ojs/index.php/paralellus/article/view/1281/pdf. Acesso em 1 de agosto de 2023.

BRASIL 1972-1980
Conflitos e profecia

JOSÉ COMBLIN:
MISSÃO E TESTEMUNHO NA AMÉRICA LATINA

Adauto Guedes Neto[1]

Introdução

No ano de 1980, José Comblin publicou, pela Editora Vozes, o livro: Teologia da Missão. Ali, na introdução, discorreu sobre a atualidade da Teologia da Missão, as grandes tensões do cristianismo contemporâneo e a missão de Jesus Cristo. Em duas partes: a missão considerada em si mesma e a historicidade da missão, destacou, respectivamente, seis aspectos da missão, ou seja, "a missão como missão, a missão como obediência, a missão como salvação, a missão como serviço, a missão, força e fraqueza, a missão como testemunho" (COMBLIN, 1980), bem como, conforme a parte II deixa explícito em seu título, a questão da historicidade a partir dos seguinte pontos: Igreja e história, os sinais dos tempos, a sucessão das etapas, a pedagogia, a dialética paulina.

A mencionada publicação nos ajuda a compreender as reflexões de Comblin sobre o tema da missão, mas, para além de suas considerações teológicas, buscaremos, referenciados em tais elaborações, relacionar momentos vividos pelo padre na América Latina que se coadunam com sua perspectiva de missão como testemunho, especialmente entre o período de sua chegada ao Brasil, em 1958, e sua expulsão, no ano 1972.

Agir sobre novos caminhos é típico da ação missionária, sendo assim, José Comblin não se furtou a tal perspectiva, uma vez que, por sua escolha, preferiu atuar na América ao trabalho paroquial em seu país natal. Desembarcou em solo brasileiro em junho de 1958, veio falar aos que estão fora – conforme destacou o viés missionário pautado em Jesus, pois, "a missão consiste em renovar e imitar missão de Jesus Cristo [...]. Jesus dirige-se aos que estão fora, fala para denunciar, anunciar, provocar, chamar à transformação de vida" (COMBLIN, p. 8, 1980).

[1] Doutor em História pela UFPE, é professor da Rede Estadual de Pernambuco e da Universidade de Pernambuco-UPE, Campus Petrolina. Compõe a Comissão Sociotransformadora vinculada à Pastoral Social da Diocese de Pesqueira-PE e atua como pesquisador colaborador do Núcleo de História e Linguagens Contemporâneas da Universidade Estadual da Paraíba (NUHLC/UEPB). E-mail: adautogn1917@gmail.com.

Assim o fez Comblin, e não se negou a fazê-lo em um dos tempos mais tenebrosos vividos em latino-américa, como veremos, em tempos de ditadura.

1. José Comblin: da paróquia à opção pela missão

Em coletânea comemorativa aos 80 anos de José Comblin, o professor Alder Júlio, do qual tive a honra de participar juntamente da mesma mesa de debates sobre o tema da missão na III Jornada de Estudos José Comblin, organizado pelo Grupo de Pesquisa José Comblin da PUC-SP e UNICAP-PE, mencionou sobre a decisão do padre Comblin em deixar a vida sacerdotal que experimentou na paróquia do Sagrado Coração, em Bruxelas: "já doutor em Teologia, aos 35 anos, insatisfeito com os rumos da Igreja na Europa do final dos anos 50, e recusando convite para ocupar cobiçados postos eclesiásticos no Vaticano, decide partir em missão para a América Latina, em 1958" (CALADO, 2003, p. 99).

De fato, depois de alguns anos atuando na paróquia Sagrado Coração de Jesus - Bruxelas, optou pela missão na América Latina e próximo de completar uma década por lá, teve sua solicitação de saída em missão atendida.

Sua vida missionária na América Latina começou em 1958 quando desembarcou em São Paulo para atuar em Campinas. Inicialmente, suas atividades estiveram aquém da necessidade diocesana em se ter um doutor em Teologia, uma vez que, foi direcionado para a capelania, o seminário menor e poucas aulas da Filosofia na Faculdade. O próprio, estranhara, "será que precisava mandar vir da Europa um sacerdote doutor para ser capelão em um colégio de freiras?" (MONTENEGRO, 2019, p. 132). O tempo mostrou as verdadeiras razões ao padre.

Nesse contexto, percebemos alguns elementos de sua teologia missionária, que a partir de então, vai se tornando mais evidente em sua prática.

Dentre tais elementos, citemos: a concepção de missão além do entendimento de que consiste em recrutar novos membros para a Igreja, pois, segundo defende, a missão parte não da Igreja e sim de Cristo. Partindo de Cristo, vai encontrar o outro e é histórica, "a ação concreta do missionário não é repetição do mesmo modelo, e sim invenção do modelo que responda ao ponto de impacto da mensagem nos tempos de hoje" (COMBLIN, 1980, p. 51). E assim o fez, por exemplo, ao se inquietar com suas funções iniciais e ir ao encontro, falar para os de fora também, compreender e atuar a partir das condições históricas de exploração vivida pelos operários, homens e mulheres do campo, povos indígenas, para citar alguns grupos que o padre conviveu no Brasil, Chile, Equador, Bolívia etc.

Assim sendo, ainda em Campinas, ao aceitar o convite para assessorar a JOC - Juventude Operária Católica, conheceu a realidade histórica do operariado e mencionou: "ali descobri as virtudes do povo simples, ainda não deformado pelo espírito de competição e pelo desejo de dinheiro que são a alma do capitalismo" (MONTENEGRO, 2019, p. 134). Comblin não ficaria mais preso às poucas aulas de química e física no Seminário Menor ou às atividades como capelão no Colégio de Freiras, buscou novos rumos que desse sentido a sua missão. Foi para Santiago do Chile trabalhar como professor na Faculdade de Teologia e cerca de três anos depois retornou ao Brasil para atuar em Recife, a convite de Dom Hélder Câmara, arcebispo de Olinda e Recife (1964 e 1985).

2. Por uma Igreja missionária

Conforme Eduardo Hoornaert mencionou na conferência de abertura da III Jornada José Comblin, "não existe José Comblin sem Dom Helder Câmara". Ao ser entrevistado por Antônio Montenegro, em março de 1998, Comblin afirmou: "no Recife havia a presença de Dom Hélder. O resto era secundário, ou seja, o ensino no seminário e, depois, no Instituto de Teologia do Recife" (MONTENEGRO, 2019, p. 140). A deferência de José Comblin por Dom Hélder, no trecho citado, confirma a fala de Hoornaert, e acrescento a seu depoimento ao citar os anos mais ricos de sua vida como sendo o período que morou em Olinda com Marcelo Carvalheira, Zildo Rocha, Ernane Pinheiro, Eduardo Hoornaert, René Guerre e padre Alfredo (MONTENEGRO, 2019, p. 144).

Comblin chegou ao Recife-PE em 1965 – um ano depois de Dom Helder assumir o arcebispado de Olinda e Recife e um ano depois do golpe militar. Pernambuco vivenciara tempos de novidade e seria impactado pelos bons ventos do Concílio Vaticano II a partir do arcebispado de Hélder, tal qual, assim como o restante do país, viveria os tempos nebulosos da ditadura. Comblin seria atravessado por ambos os acontecimentos.

Essa sua segunda experiência no Brasil, conforme declarou, se o ensino de Teologia no seminário não lhe encantava muito por seu formato tradicional, afirmou:

> Interessei-me por um projeto humilde. Um pequeno grupo de nove seminaristas resolveu fazer a formação na área rural e conseguiu a licença de seus bispos. Dividiram-se em dois grupos, um foi morar em Tacaimbó, Pernambuco, a uns 50 quilômetros de Caruaru, uma cidadezinha muito pobre, e o outro em Salgado de São Félix, Paraíba, perto de Alagoinha, outra cidadezinha muito pobre. Vieram procurar-me porque

> não sabiam como organizar os estudos em tal situação. Aceitei colaborar e inventei um modo de estudar que depois ficou conhecido como Teologia da Enxada. [...] A mesma metodologia é aplicada ainda hoje em vários lugares (MONTENEGRO, 2019, p. 145).

A experiência da Teologia da Enxada vivenciada no interior pernambucano e paraibano entre 1969 e 1971 sob a coordenação do padre Comblin que, visitava e acompanhava constantemente as equipes ali instaladas, tornaram-se posteriormente base para o programa de estudos desenvolvidos por Comblin no Seminário Rural de Talca, no Chile, e no Centro de Formação Missionária, em Serra Redonda na Paraíba.

A Teologia da Enxada nos evidencia outra perspectiva da Teologia da Missão em José Comblin, qual seja, "O concreto da prática missionária sempre será anterior à teologia, e uma teologia que não se refere a atos concretos fala no ar, para ninguém, repete uma pura letra bíblica ou tradicional" (COMBLIN, 1980, p. 05). Ou seja, ao romper com os padrões convencionais para a formação sacerdotal, partindo das experiências cotidianas do povo pobre, no caso aqui específico, o agricultor e a agricultora nordestinos, Comblin contribui para o exercício e a prática do evangelho aplicado àquela dura realidade, é a invenção de um modelo que responda ao ponto de impacto da mensagem nos tempos de então.

Paralelamente a tal experiência que tanto lhe interessou, Comblin viveu um dos períodos de maior perseguição, que culminou com sua expulsão do Brasil em 1972 pela ditadura militar em vigor.

O fato em questão tem relação com um estudo que coordenou entre os padres do ITER a pedido de Dom Hélder sobre o documento base da II Conferência Episcopal Latino-americana que ocorreria no ano de 1968, em Medellín. Sobre ele, Dom Hélder mencionou o seguinte: "Vi o primeiro esboço de comentários do ITER (Pe. Comblin à frente) ao Documento básico do Encontro da Hierarquia Latino-Americana... Forte. Fortíssimo. Mas como está carregado de verdades terríveis sobre a América Latina" (CC 380, 23-24.3.68; SOUZA, 2018, p. 40).

A análise estava dividida em oito temas, dentre os quais: 1. Situação histórica latino-americana; 2. A igreja e sua responsabilidade; 3. O problema do poder ou problema político; 4. O problema da mentalidade de desenvolvimento; 5. O problema da socialização; 6. A esperança de um futuro melhor; 7. Situação internacional; 8. Perspectivas pastorais.

A partir desses pontos, há uma profunda análise histórica e sociológica da América Latina, na qual se insere a Igreja católica. Comblin tratou do conhecimento da realidade histórica que dá origem à América Latina como sendo primordial para o desenvolvimento social. Um lugar que desconhece suas origens culturais, que as nega, que importa suas "raízes", só reforça um passado colonial e cristaliza-o entre aristocratas e escravos. É preciso aprender com o passado e não o desconhecer, como o próprio sacerdote afirmou: "reconhecer seu passado é o começo da sabedoria. A organização social deve partir da aceitação das qualidades e dos defeitos próprios que resultam do passado" (Documento Comblin. In: FLORIDI, 1973, p. 310).

Além do olhar externo, tal estudo representa fortes críticas internas à estrutura católica, assim como sua ausência junto aos camponeses e às massas marginalizadas. Ele afirma que, ao contrário disso, a Igreja católica reproduz a dominação das classes dominantes ao ser meramente assistencialista, por ser classista em seu ensino, que é direcionado, prioritariamente, às classes altas. Sobre a estrutura eclesiástica afirmou que:

> Permanece ainda fechadas aos leigos em muitos casos, principalmente aos leigos da classe baixa. Estes não têm expressão na Igreja. Não é de se admirar que o primeiro ato de emancipação da classe baixa seja muitas vezes o ato de desligar-se da Igreja para aderir a outra religião que reconheça a existência de leigos (seitas protestantes, africanas ou espíritas) (FLORIDI, 1973, p. 315).

A análise que desenvolveu sobre a Igreja católica, tendo como referência o documento base para o II CELAM, apontava para a necessidade de reforma eclesiástica, a partir dos seguintes aspectos: carência de atendimento às massas de camponeses e marginais; solidariedade com a classe dominante; incapacidade de organização; colonialismo; a criação de instituições que só podem subsistir graças ao financiamento estrangeiro; má administração dos bens; assistencialismo; ensino classista; tratamento dos empregados; funcionalismo cartorial; fuga dos técnicos. Esse é o tipo de religião que se ensina ao povo, que possui estruturas eclesiásticas, que permanece fechada aos leigos, sobretudo os de classe baixa. Ou seja, para Comblin, a Igreja católica, sobretudo, tendo como referência de análise a América Latina, deveria atender aos pobres, rejeitados pela hierarquia e desprezados, especialmente, em um ambiente caracterizado pela dominação da aristocracia sobre descendentes dos que outrora foram escravizados e que eram os excluídos de então.

Conforme afirmou em sua Teologia da Missão, "instituições feitas para sustentar a injustiça não servem para implantar a justiça. São necessárias novas instituições" (COMBLIN, 1980, p. 49). A referida constatação presente na análise que produziu, associada às campanhas difamatórias por setores conservadores da Igreja católica - como a TFP, e da política, após tal documento ter sido vazado à imprensa, gerou uma repercussão que chamou a atenção dos centros de Informação da ditadura brasileira e culminou com sua expulsão do país em 1972.

Os primeiros registros sobre o padre Comblin entre os Centros de Informações de então são justamente no ano de 1968, como afirmamos, após as primeiras reportagens que circularam na imprensa pernambucana, divulgando seu estudo. Em estilo ensaísta, o conteúdo divulgado sem a permissão do autor repercutiu de tal forma que chamou para si os olhares e a perseguição do aparato repressor da ditadura militar brasileira. Para tanto, descrevemos a seguir um trecho da informação elaborada pelo Centro de Informação do Exército, a partir do IV Exército/7ª Região e circulada entre a Secretaria de Segurança Pública de Pernambuco e o Departamento da Polícia Federal:

> O padre Comblin começou a merecer a atenção dos serviços de segurança após a divulgação da crítica ao documento básico da II Conferência Geral do CELAM (Bogotá), que preparou a pedido de D. Hélder Câmara. Neste documento, prega a utilização da força, se necessário, para promover reformas na América Latina (Prontuário 18.209, DOPS-PE).

O documento, que produziu a informação apresentada, tem o carimbo de confidencial e foi emitido em 26 de março de 1970 com data retroativa aos acontecimentos relacionados ao estudo sobre o documento básico para a II CELAM. Obviamente, tal fonte, deve ser interpretada com a crítica dos documentos para que não caiamos nas armadilhas criadas pelos órgãos repressivos das ditaduras. A partir de então, a vida de Comblin passou a ser vigiada em cada passo até sua expulsão do país ser concretizada em março de 1972.

Portanto, para concluir, gostaríamos de pontuar que, seja por meio da coordenação da formação dos seminaristas da enxada, seja a partir da redação do estudo à pedido de Dom Hélder, Comblin se manteve firme na missão de seu testemunho de levar ao povo de Deus o evangelho e a tradição de Jesus - por uma Igreja missionária, por uma Fé que liberta.

Referências Bibliográficas

CALADO, Alder Júlio Ferreira. Um olhar solidário de um trabalhador nordestino: notas acerca do livro O Povo de Deus, de J. Comblin. In: *A esperança dos Pobres vive:* coletânea em homenagem aos 80 anos de José Comblin. São Paulo: Paulus, 2003.

COMBLIN, José. *Teologia da Missão.* Petrópolis: Editora Vozes, 1980.

FLORIDI, Ulisse Alessio. *O Radicalismo Católico Brasileiro:* para onde vai o catolicismo progressista no Brasil. São Paulo: Hora Presente, 1973.

GUEDES NETO, Adauto. *José Comblin:* trajetória e ditaduras na América Latina (1958-1985). Rio de Janeiro: Editora Telha, 2022.

SOUZA, Alzirinha Rocha de. *Do Recife a Medellín:* aspectos históricos e pastorais. São Paulo: REVER: Revista de Estudos da Religião, V. 18, n. 2 (35-45), maio/agosto, 2018.

MONTENEGRO, Antônio Torres. *Travessias:* padres europeus no Nordeste do Brasil (1950-1990). Recife: CEPE, 2019.

UMA "IDEIA ARROJADA":
JOSÉ COMBLIN E A FUNDAÇÃO DO SEMINÁRIO RURAL NA PARAÍBA

Elenilson Delmiro dos Santos[1]

Introdução

Ao chegar à Paraíba, no início dos anos 80, o histórico do padre José Comblin (1923-2011) o precedia. Afinal, sua trajetória no âmbito da América Latina, seja como teólogo ou como analista social, como prefere dizer alguns autores, repercutiu para além dos muros da Igreja católica. Não por acaso, ao iniciar a implantação de seu primeiro projeto em solo paraibano, o Seminário Rural, a imprensa local não se omitiu da novidade e logo deu início à veiculação de notícias relacionadas ao início desse projeto. Em geral, o enfoque do noticiário se concentrou nas repercussões que se deram em torno de sua fundação. Faz sentido, pois se tratava de um projeto diferente sob distintos aspectos.

Embora seja possível dizer que essas repercussões não tenham tido uma grande abrangência, se considerarmos o cenário religioso e sociopolítico mais amplo, ainda assim, não se pode ignorar que elas serviram para deixar em evidência algumas nuanças que, nos anos 80, marcavam a relação conflituosa que existia entre a Igreja católica na Paraíba com algumas representações da sociedade paraibana. Particularmente, as oligarquias rurais. Logo, a luta pela implantação do Seminário Rural não pode ser entendida sem que consideremos alguns elementos. Para os fins deste ensaio, um deles chama a atenção. Diante de um cenário em que o controle e a expansão do setor canavieiro se consolidavam na região, muito por causada espoliação dos trabalhadores, a implantação do Seminário Rural, por seus objetivos práticos, acabou servindo para acirrar, ainda mais, um conflito que já se encontrava estabelecido entre a Igreja católica e o setor ruralista.

Nesse sentido, o Seminário Rural se apresentou como uma grande novidade formativa no âmbito eclesiástico regional, sendo, inclusive, reconhecido como uma clara continuidade da experiência da Teologia da Enxada. No entanto, o pre-

---

[1] Licenciado em História. Mestre e Doutor em Ciências das Religiões.

sente ensaio não se prende somente a esse aspecto. Aqui, a premissa é fazer um breve resgate da história do Seminário Rural, incluindo o papel da imprensa local nesse processo. Ou seja, o modo como entendeu e o espaço que foi dado para que os ruralistas da região manifestassem sua insatisfação em relação a tal projeto.

Nessa direção, o texto tem como suporte referencial algumas pesquisas já realizadas a respeito da problemática abordada, bem como no recorte de publicações de jornais e revistas que veicularam notícias sobre a fundação e os conflitos em torno do Seminário Rural. É certo que o quantitativo documental a que tive acesso, até o momento, e os que foram selecionados para esta produção, não pode ser considerado o suficiente para uma análise mais ampla, por isso o presente texto não pode deixar de ser entendido senão como um ensaio. Todavia, considero que essas fontes já são o suficiente para revelar que no processo de fundação do Seminário Rural existe uma história marcada por conflitos que extrapolou aqueles já existentes no âmbito interno da Igreja católica local. Em um enfoque sócio-histórico, o texto se divide em três breves momentos.

No primeiro, procurei fazer uma apresentação do conflituoso contexto rural paraibano do período final dos anos 70 e início dos 80, pois foi nesse ambiente de conflito, no qual o arcebispo paraibano, Dom José Maria Pires, estava fortemente envolvido, que se deu a chegada de Comblin. Em um segundo momento, resgato a história do Seminário Rural como um modelo de formação sacerdotal alternativo, centrado no mundo camponês, e que teve como referência para seus trabalhos o método da Teologia da Enxada. Por fim, em um terceiro momento, procurei perceber como a União Democrática Ruralista (UDR) representou uma ameaça aos trabalhos desenvolvidos pelo Centro de Formação Missionária (CFM). Esse, um projeto formativo que fora iniciado em 1983, logo após o fechamento do Seminário Rural, por causa da negativa do Vaticano em reconhecer sua proposta de formação sacerdotal voltada para o ambiente rural.

O ambiente da chegada de Comblin à Paraíba

Depois de uma frutífera experiência na Arquidiocese de Olinda e Recife (AOR), que teve seu início em 1965, Comblin foi expulso do Brasil pelo regime militar em 1972. Ao voltar do exílio, no início dos anos 80, um retorno a AOR não era mais uma opção viável. Afinal, o arcebispado de Dom Hélder Câmara estava chegando ao fim, e Comblin acreditava que dificilmente o novo governo arquidiocesano a ser estabelecido daria continuidade ao modelo de Igreja que tinha sido viabilizado por aquele bispo. De fato, o sucessor de Dom Hélder Câmara (1964-1985), Dom José Cardoso Sobrinho (1985-2008), logo tratou de promover um verdadeiro desmonte das instituições que davam suporte ao modelo de Igreja que, por duas décadas, vinha sendo estruturado por Dom Hélder e sua equipe de assessores. Entre os quais, Comblin foi uma peça fundamental.

Apesar disso, era preciso insistir na caminhada, renovar os projetos e seguir em frente. Foi por causa dessa insistência que a Paraíba entrou no itinerário missionário e profético de Comblin. Contando com o apoio fundamental do Arcebispo Dom José Maria Pires, que abriu espaço em sua Arquidiocese e garantiu à viabilização de seus projetos. Comblin, em conjunto com uma equipe de assessores e colegas, antiga equipe da Teologia da Enxada, logo tratou de arquitetar e colocar em prática seu primeiro projeto formativo na Paraíba, no caso, o Seminário Rural. Sem dúvida, esse foi o caminho encontrado por Comblin para dar continuidade a seu trabalho em direção ao povo de Deus no Nordeste. Até porque, como lembrou Mônica Muggler (2012), Comblin entendia que o caráter missionário da Igreja tinha de ser preservado e, nesse quesito, o Nordeste continuava sendo um campo fértil para esse tipo de ação.

Todavia, o inconveniente era que o ambiente que se encontrava instaurado na Paraíba, quando se deu a chegada de Comblin, não era dos mais favoráveis para o tipo de projeto que se queria implantar. Afinal, na região do brejo paraibano a incidência de conflitos por terra era fato conhecido. Foi nesse período e nessa região que ocorreu, na cidade de Alagoa Grande, em 12 de agosto de 1983, o assassinato da líder sindical Margarida Maria Alves, o que nos permite entender a dimensão dos conflitos existentes. Era, de fato, um momento de grandes tensões. Justamente por isso a influência e o papel da Igreja católica, em favor dos camponeses, foram de grande importância em toda a região. Por causa desse apoio, é possível se observar que

> a grande maioria dos assentamentos, derivados da luta pela terra, expressam as marcas deixadas pelo apoio eclesial. Essa evidência pode ser constatada facilmente ao observarmos o número de assentamentos que carregam os nomes de religiosos, militantes da luta e/ou de santos cultuados pelo catolicismo popular. Os nomes dos santos e dos agentes pastorais escolhidos para serem títulos oficiais de assentamentos, significam, a nosso ver, pelo menos dois elementos importantes: primeiro, simboliza a forte religiosidade que os camponeses possuem; segundo, evidencia a relação orgânica que a Igreja desta região manteve com os problemas do povo, em especial, com a questão da terra (FRANÇA, 2020, p. 50-51).

A consciência sobre seu papel na situação, e de qual lado deveria se colocar, fez com que a Igreja católica, principalmente por intermédio das lideranças de Dom José Maria Pires, Arcebispo metropolitano da Paraíba, e Dom Marcelo Carvalheira, bispo auxiliar de Dom José, exercendo a função de Vigário Episcopal do Brejo, tornando-se, em 1981, o primeiro bispo da Diocese de Guarabira se envolvesse com frequência em embaraços com os grupos ruralistas. Por consequência, considero que o Seminário Rural tenha se apresentado como motivo para a ocorrência de novas situações de conflito nesse âmbito.

Prova disso é que exatamente na região em que se deu a instalação da primeira estrutura física do Seminário Rural, no município de Pilões, situado na microrregião do agreste paraibano, o setor canavieiro e pecuário não só promovia uma dura espoliação dos trabalhadores rurais, bem como era o grande responsável pelo acirramento de vários conflitos de terras no território. Nessa região, como lembra o geógrafo Diego Pessoa (2020), as tensões e os conflitos por terra na região da diocese de Guarabira "começaram a se agravar devido à expansão da cana-de-açúcar nas áreas úmidas do Brejo e das pastagens nas áreas de pecuária, resultando na expulsão de antigos moradores, posseiros, arrendatários e meeiros que ali resistiam" (FRANÇA, 2020, p. 51). Fica evidente que os conflitos e as expulsões, conforme mostram as pesquisas, pareciam ser a regra em toda a região.

Diante do exposto, a instalação de um projeto como o Seminário Rural, que tinha por premissa básica direcionar seus seminaristas, futuros sacerdotes, para atuarem no mundo camponês, conflituoso mundo camponês, certamente, não teria por parte dos ruralistas da região uma boa recepção. Ao contrário, pois na contramão desse modelo de Igreja, Igreja pé no chão e progressista, que incentivava a luta pelos direitos dos trabalhadores, muitos ruralistas procuravam disseminar sua ideologia dominante por meio da propagação de uma religiosidade do tipo colonial, ou seja, fundamentada em valores distorcidos da Bíblia e com forte apelo para que os trabalhadores se submetessem a suas vontades e aceitassem essa submissão como vontade divina.

Retomando a questão dos conflitos, que tinha na luta pela terra seu ponto mais sensível, uma presença, em especial, causava incômodo entre os fazendeiros da região, talvez o maior deles, era que o Seminário Rural contava com o apoio e envolvimento de Dom José Maria Pires, o que foi o suficiente para inflamar ainda mais os conflitos já existentes. Sobre a figura de Dom José, é possível considerarmos que entre seus opositores lhes era favorável o conhecimento que eles tinham a respeito da condição de vigilância sob a qual se encontrava esse arcebispo. De fato, desde a década de 60, logo após o golpe militar de 1964, as atividades religiosas e pastorais de Dom José estavam sendo observadas pelo Departamento da Polícia

Federal (DPF). As acusações feitas eram de que Dom José estaria se utilizando de suas Cartas Pastorais para insuflar as massas de fiéis católicos, de modo a levá-los à subversão, o que o tornaria um infrator perante a "Lei de Segurança Nacional".

Utilizando-se de fontes, como os Documentos da Divisão de Segurança de Informações, o historiador Paulo César Gomes (2014) afirma que Dom José estaria sendo observado, entre outras, por estar usando as missas e outras cerimônias religiosas para desmoralizar o governo diante dos fiéis, isto com o intuito de levantar os trabalhadores contras às autoridades. E mais, "Dom José Maria estaria usando o Centro de Defesa dos Direitos Humanos da Arquidiocese da Paraíba para divulgar publicações de caráter 'subversivo', como, por exemplo, o folheto *Você conhece seus direitos?*" (GOMES, 2014, p. 141). Um folheto dessa natureza, sem dúvida, segundo a Divisão de Segurança e Informações (DSI), levaria os leitores a assumirem uma atitude de resistência e oposição às estruturas do governo militar. É certo que diante dessa situação, a elite da região, que via em Dom José uma figura a ser combatida, procurou tirar proveito em benefício de seus próprios interesses.

Nos anos 80, em um período que já se aproximava da abertura política, as atividades e a atuação de Dom José seguiam causando apreensão, pois "ele estava envolvido com a fundação de grupos de reflexão em zonas suburbanas, onde tentava reunir representantes dos estudantes, operários e camponeses" (GOMES, 2014, p. 142). Em relação a esse último grupo citado, os camponeses, a relação que Dom José mantinha com eles sempre foi de um estreito compromisso. Seu posicionamento em favor dessa representação social, e para suas demandas, ficou ainda mais evidente durante os acontecimentos que se deram no conflito rural, que ficou conhecido como o conflito de Alagamar[2], ocorrido entre os anos de 1975 e 1980. Dom José entendia que a Igreja devia tomar posição em favor dos camponeses. Como ele mesmo fez questão de frisar, "essa decisão de ficar do lado dos injustiçados não significou aconselhar-lhes paciência e resignação, mas apoiá-los

---

[2] Em sua Carta Pastoral, intitulada *Sobre o compromisso da Igreja com os fracos e oprimidos*, publicada em 1978, Dom José explica o que foi o conflito de Alagamar. Alagamar era um extenso latifúndio, composto por vários sítios e várias fazendas, situado entre as cidades de Salgado de São Félix e Itabaiana, no agreste Paraibano. O dono do latifúndio era o Sr. Arnaldo Maroja, que dava liberdade aos moradores de cultivarem a terra plantando lavouras de subsistência e criando alguns animais. O proprietário contentava-se em receber um "foro" que lhe era pago em dia. Calcula-se que cerca de 700 famílias viviam no latifúndio. No dia 7 de novembro de 1975 o Sr. Arnaldo Maroja faleceu. Como não tinha herdeiros, deixou um testamento em que determinava que as terras fossem vendidas e o dinheiro distribuído entre as pessoas cujos nomes estavam no testamento. Em vez disso, os administradores, sem consultar os moradores já instalados na terra, venderam as terras para outros fazendeiros e usineiros da região. Estes, por sua vez, logo começaram a se movimentar no sentido de expulsar os antigos moradores. Temendo ficarem sem as terras, as quais trabalharam e produziram durantes anos, os antigos moradores da terra se organizaram para se defenderam das investidas, até violentas, que estavam sofrendo. Não tardou para que os conflitos armados eclodissem na região. Dom José, sempre que acionado, colocava-se no meio do conflito. Sempre ao lado dos camponeses.

na luta em defesa de seus direitos" (PIRES, 2011, p. 50). Afinal, para Dom José, ficar ao lado desses injustiçados era ficar ao lado de Cristo.

Foi, portanto, dentro desse contexto de conflitos e tensões pelo espaço agrário e lutas pela terra, que Comblin chegou à Paraíba. Porém nada disso era algo que causasse um estranhamento ou mesmo sentimento de medo e dúvidas em Comblin. Afinal, ele mesmo chegou trazendo em sua bagagem uma história repleta dessas mesmas experiências. Sobre essas experiências, é importante mencionar a pesquisa feita pelo historiador Adauto Guedes Neto, *José Comblin: trajetórias e ditaduras na América Latina (1958-1985)*, na qual apresenta informações de grande relevância para a compreensão da vida e da trajetória de Comblin na América Latina.

Em um momento da pesquisa, esse historiador vai tratar, particularmente, do início da trajetória de Comblin na Paraíba. Que veio a ser sua terceira passagem pelo Brasil, depois de ser expulso em 1972. Um diagnóstico interessante realizado na pesquisa diz respeito ao fato da Ditadura Militar, no início dos anos 80, ainda não ter esquecido Comblin. Em virtude disso, nos seis primeiros anos desse período, o religioso teve de se contentar com um visto de turista, o que implicava uma permanência breve, de apenas três meses, para depois retornar novamente. Outra observação feita, que toca diretamente no presente trabalho, é que mesmo passados dez anos da Teologia da Enxada, "duas coisas permaneciam na opção de Comblin, o olhar para o ambiente rural, o campo, e o desejo da conquista da autonomia dos leigos e das leigas através da formação" (GUEDES NETO, 2022, p. 204). Essa foi, sem dúvida, a perspectiva que norteou a atuação de Comblin na Paraíba.

Em suma, apesar de todas as circunstâncias contrárias para Comblin e seus projetos, conforme tratadas nos parágrafos anteriores, sua trajetória foi iniciada. Ao seu contato inicial com a Paraíba, Comblin já era um sacerdote com quase 60 anos de idade. Um teólogo experimentado e renomado no cenário internacional, particularmente no latino-americano. Amigo, assessor e grande colaborador nos projetos desenvolvidos por Dom Hélder Câmara, enquanto esteve à frente da Arquidiocese de Olinda e Recife. A partir de então, em parceria com Dom José Maria Pires, passou a trabalhar intensamente para o desenvolvimento de importantes projetos na Paraíba. Comblin continuou firme em sua opção pelos pobres. Sem demora, não só articulou como foi o principal mentor por trás da criação do Seminário Rural e de outros projetos formativos que vieram como consequência desse.

Um novo tipo de Seminário

A partir do período moderno de nossa história, teve início uma das instituições mais importantes para a Igreja católica: os seminários. Desde o estabelecimento em definitivo dessas instituições, elas têm cumprido uma tarefa imprescindível no processo formativo do clero. Por muitas razões, tornaram-se o modelo referencial para a Igreja católica, no que se refere ao caminho formativo a ser percorrido pelos vocacionados até o sacerdócio. Ao ingressarem nos seminários, esses vocacionados são postos sob um rígido disciplinamento, que tem por meta assegurar um melhor direcionamento para o celibato, a obediência, a dedicação exclusiva à Igreja e, sobretudo, para a defesa dos preceitos fundamentais estabelecidos pela teologia e pelos dogmas católicos.

Nessa perspectiva, o Concílio de Trento (1545-1563), em sua XXIII sessão (1562-1563), ao instituir a criação dos seminários, tanto nas dioceses como nas províncias eclesiásticas, deu prosseguimento à pauta de reforma da Igreja em todos os campos e todas as realidades eclesiais. Embora nesse Concílio o uso da expressão "Contrarreforma", em oposição à reforma protestante, como um dos motivos que marcou seu sentido e objetivo, tenha conseguido se impor na história para se referir a esse evento, o fato é que os elementos que se fizeram como sendo o principal motor para a realização do Concílio de Trento estavam presentes nos próprios desafios e perigos de sua época. Um desses desafios tinha relação, justamente, com a formação do clero, tendo em vista que a maioria dos padres e religiosos não tinham uma formação intelectual satisfatória e, o que era mais grave, não estudavam teologia.

Diante desse quadro, a instituição católica, após séculos de reflexão sobre sua tradição, dogmas e teologia, viu-se na obrigação de procurar uma resposta para os problemas que foram detectados ao longo do século XVI. Entre esses problemas, sem dúvida, a formação do clero se apresentava como aquele que precisava de uma resposta imediata, já que, na época, "grande parte do clero encontrava-se em situação deplorável nos campos intelectual, moral e espiritual, ensejando que, naquele Concílio, sua reforma fosse colocada como tarefa imprescindível" (CABRAL, 2008, p. 78). Portanto, os seminários católicos, como se concebem hoje, foram uma normativa tridentina.

Passados alguns séculos, seguindo, exclusivamente, as prerrogativas que foram estabelecidas pelo Concílio de Trento, na segunda metade do século XX, a partir do Concílio Vaticano II (1962-1965), os seminários católicos passaram a ter a sua disposição um novo referencial pastoral e teológico para seu processo formativo. O chamado *aggiornamento*, que começou a orientar os caminhos da Igreja e a própria concepção de Igreja como povo de Deus, serviu de inspiração para que os diretores de alguns seminários se tornassem sensíveis para possíveis aberturas. É claro que isso não ocorreu sem reações contrárias de grupos menos propensos a mudanças. Todavia, mesmo conservando a clássica estrutura tridentina, algumas mudanças foram possíveis, como as experiências que ocorreram no Seminário Regional do Nordeste II (SERENE II), em Recife-PE, que, nos anos de 1966 e 1967, conforme demonstrou Newton Cabral (2008), seus seminaristas passaram a experimentar em suas respectivas formações uma forma de vida inserida no mundo.

Essa experiência de vivenciar uma formação sacerdotal inserida no mundo, vivendo na e com as comunidades periféricas, em vez de passarem um longo processo de formação em estilo burguês, vivendo em um espaço de estudos que pouco se assemelha a suas próprias realidades pessoais, foi o que impulsionou as iniciativas que culminaram na experiência da Teologia da Enxada. Não foi exatamente uma iniciativa vinda da direção do seminário, mas que partiu do interesse dos próprios alunos e que foi abraçada, com grande satisfação, por alguns professores do SERENE II, entre os quais estava José Comblin. Encontramos, portanto, na experiência da Teologia da Enxada, ocorrida nas cidades de Tacaimbó-PE e Salgado de São Félix-PB, no período de 1969 a 1972, um claro exemplo de um método de ensino aculturado em sua própria realidade.

Em consonância com a Teologia da Enxada e com as inovações estruturais sugeridas pelo próprio Concílio Vaticano II, à experiência do Seminário Rural na Paraíba, embora ocorrida uma década depois, é aceita, sem ressalvas, como uma consequência direta dessas primeiras experiências. Considero também que ele se adequa às inovações teológicas e pastorais conforme sugeridas pelo Concílio Vaticano II.

Nessa perspectiva, o Seminário Rural, apesar das críticas contrárias a seu método de formação sacerdotal, tinha uma proposta de estudo baseada em um tripé básico: vida espiritual, vida intelectual e trabalho no campo. Com exceção do trabalho e do nível de escolaridade exigido para o ingresso nessa instituição, a programática elaborada pelos coordenadores do Seminário Rural não se mostrava, portanto, diferente da linha de trabalho encontrada em outras instituições dessa natureza. Mesmo assim, desde sua inauguração, em janeiro de 1981, passou a sofrer duras críticas, isso, vindas das mais diferentes esferas da sociedade.

Encontramos um exemplo dessas críticas em uma notícia-reportagem da *Revista Veja*, publicada no dia 11 de fevereiro de 1981, ou seja, um mês após a inauguração do Seminário. Tendo por título *Padres rurais: um seminário para quem trabalha na enxada*, a publicação destaca o componente do trabalho braçal como uma das exigências da formação. A matéria é breve, dispõe apenas de três parágrafos. Tanto o primeiro quanto o segundo são dedicados a apresentar duas questões: a escolaridade exigida para o ingresso no Seminário e os objetivos do Seminário. Na notícia, destacam que em uma antiga casa-grande de engenho, situada a

150 quilômetros da capital João Pessoa, "acaba de ser instalado um seminário que só aceita jovens agricultores e não exige de seus alunos nenhum grau anterior de escolaridade. Os candidatos não precisam ter sequer o curso elementar" (*Veja*, 11 de fevereiro de 1981). No terceiro parágrafo, além de dar espaço para uma fala de Dom José, antes foi apresentada uma opinião discordante e questionadora, feita por um sacerdote pernambucano a respeito dos trabalhos que estavam sendo iniciados, conforme se mostra no recorte a seguir:

> Em meu tempo, não se admitiria essa história de enxada e aula em comunidade de base, reage no Recife um religioso de formação tradicional, monsenhor Carlos Neves Calábria, que passou pelo seminário de Olinda. Dom José Maria Pires, o dono da ideia, pede que os críticos tenham um pouco de calma e esperem a primeira turma que vai sair, em 1983. Na verdade, os padres rurais não sairão do seminário em franco exercício do sacerdócio. Vão trabalhar primeiro junto a paroquianos por quatro anos. Só depois, a critério do bispo de sua diocese, é que poderão vir a ser ordenados (Veja, 11 de fevereiro 1981).

De fato, o Seminário Rural causou inúmeros e diferentes estranhamentos, em particular, em grupos pouco atentos aos acontecimentos que, na época, envolviam a esfera eclesial. Caso contrário, apesar da necessidade de se estabelecer uma narrativa acusatória, a propósito de uma maior repercussão midiática, saberiam que, desde sua origem, o Seminário Rural foi construído de acordo com o espírito que predominava na época, o da Teologia da Libertação. Sobre o início da história do Seminário Rural, em depoimento prestado ao historiador Antonio Torres Montenegro (2019), Comblin narra em detalhes o dia em que, juntamente com seu grupo de assessores, foi até o bispo Dom José para lançar a proposta do projeto que viria a ser o Seminário Rural. Também fez uma descrição detalhada dos objetivos do projeto.

> No final de 1980 fomos, eu e um grupo de sacerdotes e missionários leigos, antigos alunos do seminário regional de Camaragibe e membros de experiências rurais de evangelização inculturada, conversar com dom José Maria Pires. Tínhamos elaborado um plano de pastoral rural baseado, sobretudo, na formação de agentes de pastoral de diversos níveis, mas bem adaptados à cultura camponesa nordestina. Entre os projetos

> estava um plano de seminário de tipo novo para preparar sacerdotes para o campo. O seminário estaria situado no meio do campo. Os alunos trabalhariam na agricultura, participariam da vida dos camponeses e receberiam uma formação humana e teológica adaptada a sua mentalidade de camponeses (MONTENEGRO, 2019, p. 195).

Tamanho foi o entusiasmo de Dom José com o projeto que o abraçou como se fosse seu. Em poucos dias, partiu junto com Comblin e sua equipe em busca de uma localidade, uma casa, para dar início a essa experiência. Como resultado, Dom José disponibilizou para o projeto um terreno que pertencia à Arquidiocese, situado no município de Pilões, em uma localidade conhecida como Avarzeado, que se encontrava a uma distância média de 115 km da capital João Pessoa. Havia no terreno uma casa abandonada, de um antigo senhor de engenho. Dom José mandou fazer os devidos reparos, necessários para sua utilização como moradia e como espaço para a realização das demais atividades do Seminário. Resolvida as questões estruturais, como já mencionamos anteriormente, o Seminário foi inaugurado no dia 25 de janeiro de 1981. Na ocasião, contava com 22 alunos inscritos. Antes da inauguração, porém, a imprensa local já fazia repercutir a novidade em seus noticiários.

No dia 14 de dezembro de 1980, o título de uma matéria publicada pelo Jornal *O Norte* chamava a atenção: *"Nasce, na Paraíba, um seminário que a Igreja tem como 'ideia arrojada'"*. Logo no início do texto, que teve como autor Frutuoso Chaves, fez-se uma correta apresentação daquilo que, de fato, seria o principal objetivo do Seminário Rural: "A Arquidiocese de João Pessoa estará inaugurando, no dia 25 de janeiro de 1981, no Engenho Avarzeado, de propriedade da Igreja, o I Seminário Rural do Brasil, experiência destinada a formar padres para as Comunidades de Base da Zona rural nordestina". Tendo como fonte alguns depoimentos prestados pelo próprio Dom José Maria Pires, a matéria procurou deixar claro o que este bispo tinha como meta para o Seminário.

Assim, procurou enfatizar que a grande preocupação do Seminário Rural era com as CEBs, que, mesmo crescendo de forma significativa e espalhando suas sementes, ainda não dispunham de um acompanhamento necessário por parte do clero. Do contrário, certamente, suas atividades religiosas e políticas apresentariam melhores resultados. Essa era uma solicitação recorrente vinda das CEBs. Até porque, os padres que moravam na cidade já tinham inúmeras preocupações, até mesmo aqueles padres que atuavam em paróquias do interior não tinham condições de dar uma assistência próxima. Ainda de acordo com o depoimento de

Dom José, era preciso fortalecer a dimensão religiosa, uma vez que essa dimensão era a fonte de abastecimento do compromisso social e político das CEBs. Caso essa dimensão perdesse seu impacto, as consequências seriam danosas para as comunidades. O esvaziamento seria um desses riscos.

Ao longo da matéria, percebe-se uma nítida desconfiança em relação ao projeto. Não por acaso, foi mencionado algumas questões fundamentais, tais como a escolaridade que seria exigida para os candidatos desse seminário. Lembrando que esse ponto foi, igualmente, questionado pela notícia da Revista *Veja*, mencionada anteriormente. A questão era: quem estaria financiando o Seminário e, por último, se até aquele momento a proposta daquele modelo de formação não teria enfrentado algum tipo de resistência. É certo que existiram resistências, não apenas no ambiente externo, mas, particularmente, dentro da própria Igreja. Embora Dom José tenha dito que não. Sobre a questão do financiamento, e da própria escolaridade exigida para o ingresso no Seminário, foi transcrita na matéria as respostas apresentadas por Dom José a respeito:

> (...) em relação à escolaridade, não seriam exigidos qualquer nível de estudos, mas precisariam ter mais de 20 anos de idade e experiência de trabalho apostólico na base. Se forem analfabetos ou mesmo semi-alfabetizados, receberão preparação adequada ao nível de cada um no próprio seminário; quanto ao custeio, no início, a Arquidiocese entraria com todos os custos necessários, porém, com o passar do tempo, o trabalho que seria realizado pelos próprios seminaristas iria gerar renda e uma parte seria destinada ao financiamento de cada um deles (O Norte, 14 de dezembro de 1980).

No entanto essa proposta fez com que muitos jovens, vocacionados ao sacerdócio, logo percebessem que não seriam capazes de se adequar a esse novo modelo de formação, por isso preferiram trilhar pelos caminhos dos seminários tradicionais. De igual modo, outros entenderam que esse modelo apontava para um serviço sacerdotal abrangente, expresso nas diferentes esferas da sociedade, o que exigiria a superação de uma das expressões tridentinas dominantes antes do Vaticano II. Sobre essa superação, Dom José a colocou da seguinte forma: "fomos formados para o serviço da Igreja, não para o serviço do mundo. Tudo era ordenado para mostrar um padre modelar, afastado das realidades terrenas e voltado para o interior" (PIRES, 1995, p. 25). Assim, sem se colocar contra essa expressão, considerou que a eclesiologia povo de Deus, conforme estabelecida pelo Concílio Vaticano II, pôs em marcha não só um novo modelo de bispo, mas um novo modelo de sacerdote e, portanto, a necessidade de novos modelos de formações. Porém, com o Seminário Rural, esse novo modelo de sacerdote não prosperou.

Em sua Carta Pastoral de despedida da Paraíba, em 1995, em três parágrafos, Dom José fez uma síntese elucidativa a respeito desse momento. A narrativa de sua mensagem resultou em uma transcrição longa, porém necessária, pois nos esclarece como ocorreu a desautorização do Seminário Rural pela da Santa Sé:

> Enviei a proposta como anexo ao Relatório Quinquenal referente ao período 1976 a 1980. A Santa Sé a desaprovou como caminho alternativo de formação sacerdotal, embora a tivesse considerado válida para a formação de Catequistas. A entidade, que havia apenas iniciado os primeiros passos, deixou de ser denominada Seminário Rural e passou a ser um Centro de Formação Missionária, como é conhecida até hoje (...). Não conseguimos evitar a frustração dos jovens. Muitos deles haviam sentido na infância e na adolescência o desejo de ser padres. A pobreza material foi, geralmente, o obstáculo para que pudessem estudar, fazer o curso secundário completo, enfrentar os exames vestibulares, cursar a Filosofia e a Teologia a fim de atingir a realização do ideal sacerdotal. Com a abertura do "Seminário Rural", muito deles esperavam poder ordena-se sacerdotes um dia. Quase todas as cartas de pedidos de admissão no Centro de Formação Missionária faziam referência a esse desejo de "ser padre um dia". Com o veto da Santa Sé à iniciativa, a orientação passou a ser no sentido de formar Missionários. Seus frutos, ainda modestos, mas significativos, estão aí demonstrando que vale investir recursos humanos e financeiros na formação de lideranças populares cristãs (...). O CFM teve como primeiro e grande projeto missionário o "Curso da Árvore" que estende a formação às próprias comunidades, em encontros de fins de semana com uma programação elaborada e executada dentro dos moldes da cultura popular. A criação do Centro de Formação Missionária Feminino foi um desdobramento natural que respondeu aos numerosos apelos de moças das Comunidades, desejosas de se prepararem para a vida missionária sem terem de abandonar a família e o meio popular. Hoje o CFM tem sua sede principal no sítio Isidoro, de propriedade da Paróquia de Serra Redonda. Uma entidade denominada

> Associação dos Missionários do Campo congrega os que se consagraram para a missão. O CFM [feminino] tem suas instalações em Mogeiro, no terreno pertencente à Paróquia. As consagradas formaram a Associação das Missionárias do Meio Popular. Equipes de Missionários e de Missionárias já estão presentes em algumas Dioceses do Nordeste. (PIRES, 1995, p. 34-35).

Roma locuta, causa finita (Roma falou, a causa está encerrada). Ao ser desautorizado pela Igreja de Roma, como lembrou Dom José, o Seminário Rural, em sua proposta inicial, perdeu sua legitimidade. Mas, nem por isso, a equipe que estava envolvida nesse projeto perdeu o fôlego e deixou de insistir em uma Igreja toda ela missionária. Sobre essa insistência, a carta de Dom José ajuda a esclarecer uma etapa importante da história desse Seminário: como este passou da situação de Seminário Rural para o de Centro de Formação Missionária (CFM). Por isso para não perder os investimentos materiais, entre outras realizações que já haviam sidas empreendidas, foi preciso adotar novas estratégias de ações, novos objetivos. A partir de então, sua finalidade primeira de formar e preparar sacerdotes para o meio rural cedeu lugar para outra linha de trabalho.

Sacerdotes, missionários ou "guerrilheiros": as acusações da UDR

Fundada em 1985, no município de Presidente Prudente, interior do Estado de São Paulo, a União Democrática Ruralista (UDR) ganhou destaque por ser uma organização que contou com a articulação de grandes proprietários rurais para atuar na defesa de seus interesses. A preservação dos direitos de propriedade e, por consequência, sua defesa são apresentadas como sendo seu grande objetivo. Já em 1986, foi fundada na cidade de Goiânia-GO a representação nacional da UDR, tendo em Brasília sua sede de gerenciamento político. Trata-se de uma organização de cunho patronalista que sempre se pautou pela defesa dos interesses da classe agrária dominante. Expressa um perfil conservador e autoritário, pouco afeito aos direitos daqueles que se colocavam contrários a seus interesses. No decorrer dos anos, sempre combateu a reforma agrária. Muitas vezes em um enfrentamento aberto e fazendo uso da violência contra os trabalhadores rurais. É uma organização que serve de inspiração para outras entidades que se identificam com sua pauta, pois consegue imprimir um modo de fazer política.

Na Paraíba, a UDR foi fundada por um grupo de latifundiários no dia 12 de agosto de 1986. Na ocasião, a reunião, que definiu os primeiros passos dessa organização, contou com a presença de 68 proprietários rurais, que elegeram uma comissão regional provisória. Essa comissão contava com a presença de seis ruralistas de destaque no Estado, entre os quais se encontrava o usineiro Aguinaldo Veloso Borges, nome conhecido no cenário político paraibano. Essa notícia foi publicada pelo periódico nacional *Em tempo*, em setembro de 1986. Ora, e qual a relação da UDR com o projeto formativo articulado e coordenado por Comblin, quais as implicações que essa entidade ruralista apresentou para o CFM? Isso é o que veremos adiante.

Depois da negativa do Vaticano em reconhecer o Seminário Rural, em 1983, a estratégia utilizada por Comblin e os demais coordenadores do projeto foi transformar o Seminário Rural em um Centro de Formação Missionária (CFM), conforme esclarecido na Carta Pastoral de despedida de Dom José Maria Pires, citada anteriormente. A partir de então, a proposta era abrir espaço para os leigos que queriam se preparar para uma vida missionária. Mas, nem por isso, as investidas contrárias que eram feitas a esse espaço de formação rural deixaram de existir. Na verdade, elas não só continuaram como até foram feitas em um tom mais agressivo e melhor articulado. As acusações contrárias ao CFM vieram de diferentes representações da sociedade civil. Contudo, merece destaque as acusações que foram feitas pela organização de classe ruralista, UDR.

A partir de 1988, as investidas feitas pela UDR contra o CFM se tornaram mais intensas. De fato, a UDR não viu com bons olhos o prosseguir daquele projeto. Por isso, por intermédio da figura de seu presidente, o vereador Roderico Toscano Borges (PFL), procurou fazer inúmeras acusações contra os trabalhos que estavam sendo realizados pelo CFM. De acordo com o jornal *a Cidade*, do município de Campina Grande, publicado no dia 29 de janeiro de 1988, o vereador Roderico, por meio dos órgãos de imprensa do Estado, fez sérias acusações contra o CFM, ao afirmar que o referido espaço estaria, na verdade, "insuflando, ideologicamente, os camponeses daquela comuna para a prática subversiva e para a guerrilha para, posteriormente, invadirem as propriedades presentes naquela região" (*Cidade*, 29 de janeiro de 1988). Uma acusação que, de imediato, nos remete às mesmas táticas e narrativas que foram empregadas pelos militares como uma das justificativas para a efetivação do golpe militar de 1964.

De muitas formas, a UDR procurou deixar claro que não estava disposta a usar da diplomacia para defender seus interesses em situações de conflitos. Prova disso é que, no dia 3 de março de 1988, quinta-feira, por volta das 13h30, conforme noticiado pelo jornal *O momento*, um helicóptero passou a sobrevoar a cidade de Serra Redonda, particularmente, nas proximidades aéreas do CFM.

> Quinta-feira passada os habitantes de Serra Redonda e os integrantes do Centro de Formação Missionária, localizada a um quilômetro da zona urbana do município, viram um helicóptero verde rondando a área do CFM. Voava baixo, quase pousando em determinados pontos (O Momento, 8 de março de 1988).

Sem dúvidas, uma novidade naquele pequeno município. Novidade essa que deixou os moradores do município apreensivos, isso, conforme relatou o próprio prefeito da cidade, José Bernardo dos Santos. "Essa é uma cidade pequena, simples, pobre e pacata. Nem crimes de morte ocorrem por aqui. É muito raro. Mas agora o povo anda assustado, depois das acusações do Dr. Roderico Borges e do helicóptero" (*O Momento*, 08 de mar. 1988). Temendo ser esse caso uma ação planejada pela UDR, a própria equipe do CFM teve a iniciativa de chamar a polícia para que fosse realizada uma busca ativa nos vinte hectares de terra do CFM, bem como em suas dependências internas. Essa iniciativa se deu devido ao receio que tinham de que a UDR tivesse implantado armas no local a fim de incriminá-los, tendo em vista que a UDR vinha acusando os missionários de serem guerrilheiros e o padre José Comblin de ser um *expert* em estratégias paramilitares. Sendo assim, o CFM seria um reduto de terroristas com muitas armas escondidas.

Assim, por causa da solicitação feita pelo CFM, e também pelas próprias denúncias feitas por Roderico Borges, já que os membros da UDR gozavam de uma grande influência política, durante algumas horas, a polícia não só adentrou no CFM como passou a vasculhar todos os seus espaços em busca de qualquer instrumento ou informativo que configurasse uma ameaça. Alguns registros feitos na ocasião revelam, inclusive, que nem mesmo o santíssimo da capela do Centro saiu ileso da inspeção policial. Contudo, ao final da operação, a única coisa que encontraram foram enxadas, livros, materiais litúrgicos e imagens de santos. O delegado que acompanhou o caso, Djalma Marques, uma vez que não encontrou indícios que justificassem as acusações feitas pelo vereador Roderico Borges, prestou a seguinte declaração:

> Se o Centro de Formação Missionária da Igreja, em Serra Redonda, fosse um reduto de guerrilheiros, como supõe o presidente da UDR na Paraíba, Roderico Borges; e o padre Joseph Comblin, um dos professores do centro, fosse um perigoso terrorista, expert em táticas de guerrilha, conhecedor profundo de armamentos, duas coisas fatalmente teriam sido registradas. Primeiro, a população de Serra Redonda, um pequeno

> município no Piemonte da Borborema, a 90 quilômetros de João Pessoa, teria que andar com protetores de ouvidos contra os barulhos dos tiros. Depois, o padre Comblin, com uma extensa obra – mais de vinte títulos – seria realmente uma pessoa com estranhos dons, quase um mágico. Como é que uma pessoa que escreve e lê tanto teria tanto tempo para a guerrilha? (O Momento, 8 de março de 1988).

É claro que tais acusações não ficaram sem respostas. Em diferentes momentos e espaços, todas foram rebatidas pelos coordenadores do CFM. Raimundo Nonato de Queiroz, ao defender o CFM das acusações sofridas, afirmou, categoricamente, que elas eram falsas, improcedentes, injuriosas e, sobretudo, reacionárias. Em tom de desabafo, Nonato fez questão de frisar que "infelizmente, tudo quanto se faz pelos pobres neste país é considerado ilegal e visto ainda como virtudes incomuns" (*O Momento*, 08 de mar. 1988). E não parou por aí. Raimundo Nonato também rebateu as acusações afirmando ser, justamente, essa organização nacional conhecida como UDR uma entidade violenta e agressiva. Pois, desde sua origem, "sempre lutou e luta para combater a viabilização da Reforma Agrária, por isso fica espalhando a violência em todos os recantos do Brasil, deixando todos os que lutam por um pedaço de terra, ou seja, seus direitos, tensos" (*O Momento*, 08 de mar. 1988). Para reforçar sua posição, fez questão de lembrar os objetivos do CFM:

> O Centro de Formação Missionária de Serra Redonda, que está sendo acusado injustamente pelo presidente maior da UDR no Estado, tem como objetivo levar um trabalho educacional, missionário para os filhos de todos os camponeses desta cidade, no entanto, todos eles aqui estudam, trabalham, fazem orações e têm, também, alimentação e suas horas de lazer, o que é negado por essa sociedade injusta (O Momento, 8 de março de 1988).

Ainda se utilizando da imprensa, Roderico Borges deu continuidade a seu plano difamatório impondo seguidas acusações contra o CFM e aos trabalhos ali desenvolvidos. Dessa vez, as acusações foram feitas diretamente contra o próprio padre Comblin. Para o presidente da UDR, Comblin não seria só um "perigoso terrorista", mas um líder terrorista que estaria "desencadeando no campo um movimento de guerrilha e ensinando práticas terroristas aos agricultores" (*O Momento*, 08 de mar. 1988). Tudo isso, contando com o valioso apoio logístico oferecido por Dom Marcelo Carvalheira, Bispo da Diocese de Guarabira, e pelo padre Luis Pescarmona[3].

Ainda de acordo com Roderico Borges, Comblin seria, portanto, "um exímio treinador de guerrilheiros e um dos padres que vem distribuindo armas no campo" (*O Momento*, 08 de mar. 1988). E segue dizendo que Comblin estaria "levando ao povo do meio rural perigosas armas de fogo e instruindo jovens e velhos sobre modernas técnicas de guerrilha" (*O Momento*, 08 de mar. 1988). É claro que tais acusações, além de serem infundadas, como se verificou, novamente, não passaram sem ser rebatidas pelos formadores do CFM. Desta vez, quem se pronunciou sobre as acusações foi João Batista Magalhães Sales, diretor espiritual do Centro. Respondendo a uma entrevista, rebateu ponto a ponto as queixas levantadas pelo ruralista.

Na mesma matéria publicada pelo jornal *O Momento*, foi apresentada uma relação de perguntas que tinham sido dirigidas a João Batista. Sendo que todas foram respondidas. Entre essas, uma se relacionava ao trabalho de conscientização do homem do campo e sobre as questões fundiárias. Diante dessa questão, João Batista considerou que "não se pode pensar na evangelização desvinculada da vida do povo. Assim como a Igreja se preocupa com a marginalização do homem, com as drogas, preocupa-se também com a distribuição de terras" (*O Momento*, 8 de março de 1988). Aproveitando a oportunidade, João Batista fez a seguinte observação contra a UDR:

> Partindo de um organismo com a UDR é natural que surjam histórias como essas. Você sabe que qualquer coisa que sirva para tirar o povo do sono pesado e da desorganização é contra os princípios da UDR. Eu acho que eles, que acusam a existência de armas em nosso trabalho, são os únicos que podem falar sobre armas. Se houver arma no Centro de Formação Missionária ou em qualquer outro setor da Igreja serão trazidas pela UDR (O Momento, 8 de março de 1988).

Apesar do forte empenho e das palavras de defesa por parte dos coordenadores do CFM, de uma forma ou de outra, não se pode dizer que a imagem do CFM saiu ilesa dessa situação. É fato que devido às fortes campanhas difamatórias, por parte da UDR, e seus representantes, naturalmente, a dúvida foi implantada na

---

[3] Luigi Alberto Pescarmona, nasceu em 03 de julho de 1938, em Canale Piemont, Itália. Ordenou-se sacerdote na cidade de Alba, Itália. Em 1966, aportou no Brasil, em Minas Gerais. Transferiu-se para a Paraíba em 1977. Na Diocese de Guarabira, sempre esteve envolvido com os trabalhos da Comissão Pastoral da Terra (CPT) e com as demais lutas sociais. Nos conflitos envolvendo os camponeses da região, sempre marcou presença. Por conta desse envolvimento, tem sofrido recorrentes ameaças.

população da cidade em relação aos trabalhos desenvolvidos pelo CFM. Ainda assim, o CFM prosperou por longos anos. Pois, do mesmo modo que o Seminário Rural se desdobrou no CFM, essa experiência formativa também se desdobrou em muitos outros projetos – Escola Missionária Feminina, na cidade de Mogeiro-PB – Casa de Retiro e Oração São José, na cidade de Bayeux-PB, Fundação Dom José Maria Pires, tendo como sede o próprio espaço do CFM, entre outros – cada um desses projetos cumpriu sua missão em favor da Igreja dos pobres. Com isso, percebemos que a missão de Comblin na Paraíba, começando pelo Seminário Rural, ao formar sacerdotes, missionários/as e leigos/as, alcançou resultados que foram além do que se esperava.

Considerações

No processo de fundação do Seminário Rural, a Igreja da Paraíba pôde vivenciar uma experiência na qual poucas tiveram a mesma oportunidade. A formação de ministros ordenados no campo e para o campo, compreendia uma adaptação para além das orientações que foram estabelecidas pelo Concílio Vaticano II, que exigia ministros afinados com a nova perspectiva pastoral e teológica. Comblin, como figura central nesse processo, compreendia que para a concretização da Igreja *povo de Deus* era preciso investir em espaços e formações adequadas para cada representação desse povo.

Ainda que esse projeto de formação tenha enfrentado fortes resistências e severas acusações, como a que foi empreendida pela UDR, quando este veio a se configurar como CFM, a análise deixa em evidência que ele cumpriu uma tarefa importante para a Igreja na base, mesmo que ele não tenha prosperado como se pretendia. Importante também, para a estruturação do Seminário Rural, foi a colaboração fundamental de Dom José Maria Pires. Afinal, como toda ação a ser realizada dentro das estruturas eclesiásticas, particularmente nos limites de uma Diocese, tudo depende, primordialmente, do parecer favorável de seus bispos, os quais governam e tomam suas decisões pensando naquilo que, no entender de cada um, pode ser melhor para a comunhão da Igreja.

Na esteira desse apoio oferecido por Dom José ao Seminário Rural, e ao próprio Comblin, é que este missionário e profeta (da liberdade) marcou sua presença, em definitivo, nessa Igreja local. Pois, em busca de um modelo de Igreja que, de fato, fizesse a opção pelos pobres, o que implica se colocar a favor da justiça social, Comblin sofreu acusações e foi perseguido. Apesar disso, por meio da implantação do Seminário Rural, conseguiu contribuir para o surgimento de inúmeras vocações sacerdotais, missionárias e leigas que, desde então, vem prestando, de diferentes formas, importantes serviços para a Igreja. Com o passar dos tempos, não só deram prosseguimento aos projetos deixados pelo mestre como se tornaram, eles mesmos, o verdadeiro legado de Comblin.

Referências Bibliográficas

CABRAL, Newton Darwin de Andrade. *Onde está o povo, aí está a Igreja?*: história e memórias do Seminário Regional do Nordeste II, do Instituto de Teologia do Recife e do Departamento de Pesquisa e Assessoria. Recife: Editora Fundação Antonio dos Santos Abranches, 2008.

FRANÇA, Diego Pessoa Irineu de. *Teologia da Libertação e práxis:* memórias territoriais de lágrimas e luta pela terra na região de Guarabira. Curitiba: CRV, 2020.

GOMES, Paulo César. *Os bispos católicos e a ditadura militar brasileira (1971-1980):* a visão da espionagem. Rio de Janeiro: Record, 2014.

GUEDES NETO, Adauto. *José Comblin:* Trajetórias e ditaduras na América Latina (1958-1985). Rio de Janeiro: Telha, 2022.

MONTENEGRO, Antonio Torres. *Travessias:* padres europeus no Nordeste do Brasil (1950-1990). Recife, PE: CEPE Editora, 2019.

MUGGLER, Mônica Maria. *Padre José Comblin:* Uma vida guiada pelo Espírito. São Bernardo do Campo: Nhanduti Editora, 2012.

PIRES, Dom José Maria. *Do centro para a margem.* Petrópolis, RJ: Vozes, 1980.

PIRES, Dom José Maria. Entrevista com Dom José Maria Pires. In: PASSOS, Mauro (Org.). *Um profeta em movimento:* Dom José Maria Pires desatando nós. Belo Horizonte: Ed. O lutador, 2011. p. 29-100.

Revistas e Jornais

– Cidade:

População e padre de Serra Redonda desconhecem "guerrilhas" e atacam UDR. *Cidade,* Campina Grande, 29 de janeiro de 1988.

– Em Tempo:

Mandante do crime é eleito presidente da UDR. *Em Tempo,* periódico nacional, ano VIII, setembro de1986.

– O Momento:

Polícia busca, mas não acha armas no Centro Missionário. *O Momento,* João Pessoa, 8 de março de 1988.

– O Norte:

Nasce, na Paraíba, um seminário que a Igreja tem como "ideia arrojada". *O Norte,* João Pessoa, domingo, 14 de dezembro de 1980.

– Veja:

Padres rurais, um seminário para quem trabalha na enxada. *Veja,* 11 de fevereiro de 1981.

BRASIL 1980-2011
Caminhos Teológicos à luz do Espírito

A PNEUMATOLOGIA DE JOSÉ COMBLIN: SUA CONTRIBUIÇÃO PARA A TEOLOGIA (BRASIL, 1980-2011)

Alzirinha Souza

Introdução

Um elemento essencial de compreensão da obra e do pensamento de José Comblin é sua contextualidade. Sua produção teológica é reflexo de todas as mudanças geográficas que realizou e das mudanças de mundo que presenciou. A transformação é evidente desde suas primeiras obras centradas em temas mais europeus – ou, podemos dizer, em temas mais universais – às mais temáticas.

À medida que mergulha na realidade latino-americana, nascem os temas pensados a partir de uma nova hermenêutica ligada à Teologia da Libertação. Notadamente, após a Conferência de Medellín e sua experiência vivenciada no Nordeste brasileiro, considerando também a proximidade com D. Hélder Câmara, sua obra reflete temas preeminentes à luz de uma teologia embasada e estruturada. Comblin encontra na América Latina nordestina o rosto de seu destinatário primeiro: o homem pobre latino-americano. É a ele que dedicará os esforços a fim de ajudá-lo a tornar-se sujeito em um contexto adverso, seja ele político, econômico, social ou, sobretudo, religioso.

Nesse sentido, ele realiza um giro epistemológico em sua releitura de temas teológicos ao restituí-los em outras hermenêuticas: a do pobre como sujeito e a da leitura crítica da práxis histórica. Sua teologia, a partir de então, é eminentemente prática, contextualizada e crítica.

Seu trânsito no continente latino-americano foi amplo. Da Bélgica a Campinas, de Campinas a São Paulo, de São Paulo a Santiago do Chile, de Santiago a Recife e, por uma imposição da ditadura militar, do Recife de volta à Bélgica, nosso autor pôde construir uma larga experiência em sua nova realidade e uma profunda percepção do contexto em que se encontrava.

Contudo, queremos destacar aqui o período que se segue a seu regresso à Bélgica em 1972. Apesar de toda a mobilização do cardeal Suenens (arcebispo de Malinas-Bruxelas) junto às autoridades governamentais do Brasil e da movimentação de padres, alunos e seminaristas do ITER (Instituto de Teologia do Recife), onde Comblin era professor à época, não houve meios de retorno ao Brasil. Nessas condições, tem autorização e convite para retornar ao Chile, desta vez a Talca – diocese de D. Larraín. Contudo, em setembro de 1973, um ano depois de sua chegada àquela terra, chega ao poder – por meio do golpe militar – o general Augusto Pinochet, que, sustentado pela extrema-direita, instaura um governo ditatorial que durará até 1990. Por causa da publicação, em 1977, da obra *Le pouvoir militaire en Amérique latine: l'idéologie de la sécurité nationale*, Comblin é mais uma vez expulso do Chile em 1980, quando finalmente retorna ao Brasil[1], onde viverá até sua morte em 2011.

De volta ao território brasileiro, instala-se em João Pessoa-PB, diocese de D. José Maria Pires. Posteriormente, vai viver em Serra Redonda, no Agreste, onde se dedica à formação de leigos/as e agentes de pastoral no Nordeste brasileiro e por toda a América Latina, consolidando aí a proximidade com homens e mulheres concretos e situados, e com suas práticas igualmente concretas.

1. Pneumatologia e práxis humanas

É dentro do momento histórico apresentado que queremos situar o desenvolvimento e a consolidação da pneumatologia de José Comblin. Em seu pensamento, não há como pensar o Espírito separado da ação. De forma clara, ele afirmará: "Uma teologia da ação é uma teologia do Espírito"[2].

Ainda que a etapa de consolidação apareça mais claramente a partir dos anos 1980 e 1990, o tema do Espírito não é novo em sua obra. Observando sua metodologia de trabalho, caracterizada pela volta aos mesmos temas em momentos distintos (o que nos permite afirmar que Comblin escreve em processo), e analisando seu conjunto, podemos afirmar que, embora seja abordado por distintas perspectivas de forma inconstante, o tema do Espírito perpassa continuamente seu pensamento. O primeiro livro a ele dedicado, *Le témoignage et l'Esprit*[3], foi publicado no início de sua produção em 1964, assim como o tema foi retomado pelo autor em seu último livro, não finalizado por ele e publicado de forma póstuma, em 2013: *O Espírito Santo na tradição de Jesus*[4].

---

1 COMBLIN, J. ¿Un día vendrá otro Juan XXIII? No hay ninguna previsión posible por el momento. *Revista Vida Pastoral*, 257 (2006), edición argentina, p. 199. Afirma o autor: "Para fines de 1980, Pinochet me expulsó de Chile, pero coincidió que podía regresar a Brasil, justamente en la misma época. Ahí me volví a Brasil".

2 COMBLIN, J. *Tiempo de acción:* ensayo sobre el Espíritu y la historia. Lima: CEP, 1986, p. 14.

3 COMBLIN, J. *Le témoignage et l'Esprit*. Paris: Éditions Universitaires, 1964. Nesse livro, Comblin aborda a questão do Espírito polarizada entre a evangelização e o testemunho. Respeitando seu estilo de construção teológica, parte da fundamentação bíblica para demonstrar a diferença entre os dois e a situação do Espírito Santo ante essas duas realidades. Nessa época igualmente, já colocava em questão o esquecimento do Espírito Santo no contexto do testemunho e da ação humana, que deve sempre impulsionar a ação da Igreja e o cristianismo.

4 COMBLIN, J. *O Espírito Santo na tradição de Jesus*. São Bernardo do Campo: Nhanduti Editora, 2012. p. 11. Afirma Mônica Mugler na introdução da obra: "Um dia, perguntado sobre qual de seus livros considerava o

O próprio Comblin determina o peso do tema do Espírito em sua obra, afirmando:

Quase todos os meus livros foram escritos por encomenda. A única coisa que partiu de mim mesmo foi o que desejava deixar como tratado sobre o Espírito Santo, ou seja, uma pequena contribuição de minha parte para a Pneumatologia[5].

Dessa forma, em sua obra, o Espírito Santo aparece no fundo de todas as questões. Contudo, é em relação à ação humana que Comblin estabelece de forma "sistemática" uma racionalidade teológica para a ação do Espírito Santo no mundo, na Igreja e nas pessoas, compreendendo-se essas três vertentes de forma intrinsicamente ligadas. Outros autores latino-americanos perscrutaram[6] a ação do Espírito Santo na história sem, no entanto, especificar como se viabilizaria esse movimento para sua transformação.

Dada a importância do tema, considerada pelo autor dentro do conjunto de sua obra, ainda que conscientes da densidade e amplitude de elementos que ele traz consigo, decidimos, ao longo deste texto, deter-nos estritamente na apresentação da compreensão pneumatológica de Comblin.

Um primeiro elemento introdutório a considerar é a visão de Comblin acerca da recuperação da visão cristológica e pneumatológica da ação, recuperação essa que se fez necessária, segundo nosso autor, a partir do momento em que houve a identificação do fato eclesiológico[7] pela teologia ocidental, o qual foi reforçado no Concílio Vaticano II à luz da expressão dual "Igreja no mundo"[8]. Esse momento foi importante para corrigir o desequilíbrio mantido durante dezenove séculos entre o estudo da Missão do Filho e o Espírito Santo por parte da teologia cristã.

A primeira, a missão do Filho, desenvolveu-se amplamente, mas não gerou uma profundidade pneumatológica equivalente. Afirmará Comblin: "Das duas mãos de Deus, uma ficou escondida e a outra monopolizou a atenção. Nossa teologia sofre de um desequilíbrio crônico até agora sem remédio"[9].

Por isso a verdadeira questão pneumatológica a ser retomada pode ser expressa, para ele, em dois pontos: 1) a relação entre Espírito Santo e mundo, e 2) como a

---

melhor, Comblin respondeu: 'este que estou escrevendo'. Desejava completar o conjunto de suas obras sobre o Espírito".

[5] Ibid., p. 13.

[6] Notadamente Victor Codina, que afirma que o Espírito Santo age desde abaixo, desde a história. Nesse ponto preciso, convergem Comblin e os padres da patrística. Sem estabelecer como, percebe antes o movimento da ação do Espírito Santo nas comunidades de base e entre os pobres latino-americanos. Ver: CODINA, V. *Não extingais o Espírito (1Ts 5,19)*: iniciação à pneumatologia. São Paulo: Paulinas, 2010.

[7] COMBLIN, 1986, p. 22. Vale ressaltar que, na obra *El Espíritu Santo y la liberación*, em especial no cap. III, Comblin tratará de toda a fundamentação do Espírito na Igreja.

[8] COMBLIN, J. *El Espíritu Santo y la liberación*, Madrid: Ediciones Paulinas, 1987. p. 31.

[9] COMBLIN, J. A missão do Espírito Santo, *Revista Eclesiástica Brasileira*, 138 (1975), p. 288-325. Em especial, p. 293-296.

Igreja, compreendida como Povo de Deus, coloca-se diante do desafio de reencontrar seu lugar sob a força do Espírito Santo[10]. É dentro desse processo de ressituação da vertente pneumatológica, em que se situa Comblin, que vamos refletir sobre a relação Espírito Santo × história e ação humana.

1.1. Fundamentação pneumatológica e cristológica para a ação

Para nosso autor, somente é possível compreender o alcance da ação humana a partir da referência a sua origem, que está situada em Deus mesmo. A mensagem principal sobre Deus é que Ele é ação e atua neste mundo, no presente da história junto a seu povo. Essa expressão é dada desde o Antigo Testamento e clarificada no Novo Testamento, nas pessoas do Filho e do Espírito Santo. É por meio deles que Deus atua e liberta seu povo. Retoma-se a expressão de Santo Irineu[11], segundo a qual o Pai atua por meio de suas duas mãos: o Verbo e o Espírito Santo. Essas mãos atuam conjuntamente; não são idênticas, cada uma produz uma ação diferente e ambas se complementam produzindo um resultado[12].

Por essa razão, as missões do Filho e do Espírito Santo são derivadas de Deus na dinâmica trinitária das missões e processões. O Pai existe na ação pela qual engendra o Filho e ambos dão origem ao Espírito Santo. Ora, uma vez que as duas missões são uma prolongação das ações do Pai, podemos afirmar que Ele está totalmente comprometido e imerso em sua ação com o mundo não somente para conservá-lo, mas para transformá-lo e passá-lo da morte à vida, da escravidão à liberdade. Por conseguinte, as noções de imutabilidade e impassibilidade de Deus só podem ser compreendidas a partir do primado da ação. Deus se define por sua paixão pelo mundo, e sua imutabilidade consiste na constância dessa paixão. Ele se define por sua atividade total sem descanso, e sua impassibilidade consiste em perseverar na ação[13].

1.2. Cristo como ação do Pai: fundamentação cristológica da ação

O Filho atua pela encarnação, que revela o homem perfeito que supera infinitamente todos os demais seres humanos, antecipando a chegada da nova humanidade. Ele se converte no ponto de história do qual parte o Evangelho. Do verbo de

---

[10] Id., 1986, p. 30.

[11] IRÉNÉE DE LYON. *Contre les hérésies: dénonciation et réfutation de la gnose au non menteur* (traduction française par Adelin Rousseau). Paris: Cerf, 1984. Sobre *La mano de Dios*: III. 21,10; IV. 39,2; V. 5,2; 15,2-3; 16,1. Sobre *Las manos de Dios. Hijo e Espíritu (verbo y sabiduría)*: IV, 4; 7,4; V 1,3; 5,1; 6,1; 28,4.

[12] COMBLIN, 1987, p. 185.

[13] COMBLIN, 1986, p. 67.

Deus procede a unidade que sai ao encontro da diversidade do ser humano com a finalidade de integrar e unificar o homem[14]. Ora, é por meio da prática que Jesus revela a ação do Pai. Jesus vem fazer, e os Evangelhos o narram realizando sua missão (Hb 10,9). Ele atua pelos gestos e pela palavra, cria vida, recompõe corpos e pessoas. De forma inquestionável, podemos afirmar que, na missão (ação) do Filho, encontram-se a ação do Pai e o rosto concreto e a real libertação do Povo de Deus. A ação de Jesus se converte em ação libertadora do Pai, na qual a verdadeira ação e toda a história humana encontram sua imagem perfeita e sua inspiração[15]. E Cristo age impulsionado pela força do Espírito Santo, ungido em sua concepção e no batismo[16], da mesma forma que o Espírito Santo é enviado ao mundo inteiro para prolongar sua ação sobre a história por meio da ação humana.

1.3. O Espírito e a ação

A ação humana, que se baseia na prática de Jesus, é impulsionada e sustentada pela missão do Espírito Santo. Ora, à diferença do Filho, o Espírito Santo não é encarnado no indivíduo concreto ou vinculado a um ponto determinado no espaço e no tempo. Ele fala na multiplicidade e cria um movimento de comunhão e de convergência a partir da imensa diversidade humana. Nesse sentido, Comblin afirmará que o Espírito Santo existe na imperfeição do limite do mundo e do humano[17].

Espírito quer dizer força ou ação. Logo, afirmar que Deus é Espírito consiste em afirmar que Deus é ação, energia e movimento. Enviando-o ao mundo, Deus envia o que é próprio de si mesmo: sua ação, origem e força que pulsa, anima, orienta e explica a autêntica ação humana, que engloba a ação de Deus, porque ela é impulsionada pelo Espírito Santo[18].

O Espírito é então enviado para atuar, e o faz por meio de nossas ações, uma vez que ele mesmo não tem as suas próprias. Por essa razão, nossas ações assumem um valor e uma importância muito mais ampla: elas são ações e se tornam missão do Espírito Santo, que inspira a vida terrestre de Jesus e encontra continuidade na ação do mundo que refaz a história. As ações que realizamos no presente da história refletem a prática do Filho e a missão do Espírito Santo, estando ligadas à ação do próprio Deus[19]. Isso nos permite afirmar que o papel do Espírito Santo é multiplicar a ação de Cristo na extensão da diversidade humana, reinven-

---

[14] Id., 1987, p. 185.
[15] Id., 1986, p. 68.
[16] Id., 1987, p. 187-210.
[17] Ibid., p. 186.
[18] COMBLIN, 1986, p. 69-70.
[19] Id., 1964, p. 26.

tando-a e recriando-a por meio de nossas ações. São nossas ações, impulsionadas pelo Espírito Santo, que recriam o mundo[20].

Por isso Comblin afirmará a revelação em duas fases. A primeira faz referência à revelação do Filho. Trata-se do começo e da plenitude da revelação. O resto terá de ser criado e descoberto no processo da história. É isso que Paulo chamará de uma longa história de superação da Lei e a construção de uma nova forma de viver[21]. Por esse motivo, a ação humana converte-se em testemunho, ou seja, é necessário que ela mesma revele a realidade de Jesus ao mundo. Assim, segundo Comblin, a ação humana não é algo ordinário, comum. À luz do Espírito Santo, ela sempre será testemunhal. Nesse sentido, faz-se necessário compreender mais amplamente o sentido da ação.

2. O sentido teológico da ação

A ação humana, à luz do Espírito Santo e por ele impulsionada, é baseada em dois pontos. Ela é ação reveladora de algo do sujeito que a realiza, e é realizando-a que o sujeito se constrói, transforma-se e transforma o contexto em que se encontra: essa é a ação que somente pode ser realizada pelo humano[22]. Por isso a ação pensada à luz da teologia é necessariamente conversão e não somente uma parte de um processo biológico, psicológico e sociológico. Não se trata de uma simples reação humana diante do meio em que se está inserido, mas ela exige a perspectiva da transformação do homem de maneira integral. Atuar é assumir parte da libertação de si mesmo e sentir-se responsável pela libertação dos demais. Finalmente, atuar é contribuir com uma pedra para a construção do projeto de Deus e de seu reino[23]. Nesse sentido, Comblin destacará que há dois sentidos teológicos intrínsecos à ação: o sentido bíblico e o sentido da esperança.

2.1. O sentido bíblico da ação na história

São os textos bíblicos que nos dão fundamentos para a ação humana impulsionada pelo Espírito Santo ao afirmarem como ponto central de sua mensagem a ação de um Deus e do Espírito na história que culmina na revelação do Filho. Ora, associada à ação de Deus, a história bíblica descreve também a história de

---

[20] Id., 1986, p. 71.

[21] COMBLIN, J. *A liberdade cristã*. São Paulo: Paulus, 2009. p. 60.

[22]. Id., 1986, p. 73.

[23] COMBLIN, 1986, p. 74.

homens que alcançam a liberdade, fazendo-se Povo de Deus[24]. Essa afirmação nos leva à primeira constatação: a história bíblica trata, em última instância, da ação do Espírito Santo que impulsiona a humanidade para sua libertação.

Finalmente, para Comblin, a Bíblia relata a ação do Espírito Santo que desemboca no surgimento de uma ação humana específica: a ação do homem escravizado, oprimido, prisioneiro de si mesmo, que se liberta de suas amarras e começa a afirmar-se como sujeito agente/atuante. Isso nos leva a uma segunda constatação: a ação que constitui a história não é abstrata, mas realiza-se na história real e presente. Nesse sentido, é no presente da humanidade que o homem se liberta. A ação humana se converte em ponto de chegada de todo um passado, para onde convergem, em realidade, as esperanças. Ela condensa em si mesma a espera vivida no passado e se orienta para o futuro, que é preparado pelo presente vivido. Trata-se, enfim, do enlace entre o presente e o futuro.

Por essa razão, pode-se falar de uma ação em sentido mais amplo: ela é toda a expressão do Espírito Santo na pessoa humana e no presente da história. Pode ser uma oração, um ato de resistência, uma espera, uma afirmação, um testemunho. Ela é a expressão total do homem que entrega e retoma toda a vida doada em um instante para vivê-la intensamente, o que não nos permite reduzi-la a uma única formulação[25].

A ação bíblica e o sentido da esperança

A compreensão da história muda a partir da ótica de quem a analisa. Certamente, quando a história é escrita, o que se pretende, além de guardar os registros passados no presente, é também estabelecer, a partir de sua compreensão, uma relação com o futuro. O fato é que, para Comblin, esses registros podem ser lidos a partir de dois ângulos: o dos vitoriosos e o dos perdedores/oprimidos.

De acordo com a leitura realizada pelo ângulo vitorioso, registram-se as conquistas passadas e organiza-se o futuro a partir delas. Em outras palavras, não há desejo e expectativa de mudanças futuras. O que se deseja é a continuidade do status quo, do que privilegia os vencedores para que efetivem suas vitórias em seus mais diversos âmbitos. Nesse contexto, o que se deseja é unicamente a continuidade dele: o futuro esperado é a repetição do presente e do passado.

Ora, a leitura bíblica demonstra justamente o contrário: o povo de Israel é o único que escreve a história a partir de suas humilhações e faltas. Por isso o

---

[24] Ibid., p. 114.
[25] Ibid., p. 106.

sentido bíblico do futuro jamais será a continuação do presente, mas a busca pela realização das promessas de uma mudança de situação. O povo dos pobres, dos oprimidos, dos exilados no Egito, vive o presente na história como abertura ao mais além, como abertura ao novo. No futuro prometido por Deus, está a possibilidade da emergência da novidade, da mudança; no futuro, não haverá somente a debilidade dos pobres, mas haverá a força de Deus que chegará no improviso da história, por meio da ação humana.

Nesse sentido, a Bíblia fala de uma ação que é também espera. Não se trata de uma ação repetitiva, como a exercida pelos vitoriosos que atuam multiplicando as forças; trata-se de uma ação humana dos pobres, para a qual convergem o fator humano e a força da esperança dada pelo Espírito Santo. Na história da humanidade, o Evangelho-anúncio-proclamação-testemunho significa a chegada de uma palavra dos pobres ao mundo[26].

Afirmará Comblin:

> A ação verdadeiramente histórica não é o resultado de implantação de um sistema de poder, mas aquela que ousa desafiar os sistemas e sobrepassá-los. Fundamenta-se nas promessas e na esperança, antes que na força. Forja uma história sem saber como se forja. Atua na esperança e não somente na previsão [...] O pobre não atua por estar seguro do resultado, mas o faz, apesar de estar completamente inseguro, esperando contra toda esperança, aceitando antecipadamente uma nova derrota, com a certeza de poder triunfar um dia. Essa é a história bíblica[27].

3. A relação entre Espírito e ação

Para Comblin, a análise da relação entre Espírito e ação se dá por meio de duas perspectivas que se interligam. A primeira se refere ao postulado da história como espaço de atuação do Espírito Santo para que, a partir dela, ocorra a relação efetiva entre Espírito e ação humana.

3.1. A história como espaço do Espírito Santo

[26] COMBLIN, 1987, p. 95.
[27] COMBLIN, 1986, p. 121.

Considerando que a história é o espaço de verificação da atuação do Espírito Santo, podemos afirmar, em decorrência disso, que as ações dele não são isoladas nem descontextualizadas. Antes, são realizadas *pela* e *na* história, influenciam-na e por ela são influenciadas, ao mesmo tempo que a constituem, seja de forma individual ou coletiva.

Nesse sentido, Comblin ressalta que a visão da história do cristianismo é marcada pela rejeição à *modernidade*, que a toma como sucessão de fatos e mudanças constantes que condena a ação humana à ausência de nenhum valor absoluto. Da mesma forma, rejeita a visão *romântica* e idealista que toma a história como uma verdadeira unidade, estruturada por um princípio imanente que não se refere a Deus. Assim sendo, o que faz o cristianismo não é propor uma nova interpretação da história, mas discernir qual é o valor real dela por meio da ação do Espírito Santo, que pode ser resumida ou explicada em duas palavras-chave: *aceitar* e *transformar*. O cristianismo está aberto a aceitar a história para transformá-la[28].

Aceitar a história

O cristão aceita a história e o que nela ocorre, fazendo disso o ponto de partida de sua ação (não de forma acrítica, mas pela compreensão de que se trata do resultado de uma gama de forças que se cruzam e de ações humanas negativas e positivas). Somos chamados a atuar em um lugar único definido por ela, e não em um contexto escolhido de acordo como nosso gosto[29]. É dentro desse movimento que o Espírito Santo nos leva a aceitar a história como ela é: um desafio.

A aceitação da história é um gesto cristológico: Jesus a aceitou com todas as condições más e de redenção que ali havia. Esse gesto marca a grande diferença entre o que parte dos fatos e as ideologias que se pautam por racionalidades e outras interpretações da história[30].

Transformar a história

Desde o ponto de vista de Comblin, somente é possível transformar a história à luz da busca da compreensão de sua racionalidade ou irracionalidade, a partir do ponto de vista oferecido pelo Espírito Santo, que é o ponto de vista dos pobres. O Espírito Santo subverte o caminho das ciências à medida que se coloca ao lado dos que não têm ciência. Da mesma forma, os textos bíblicos resituam a realidade

[28] Ibid., p. 93.
[29] COMBLIN, 1986, p. 95.
[30] Cf. Ibid., p. 96.

e mostram a verdade histórica a partir dos pobres, homens e mulheres reais, e não de uma humanidade suposta pelas ciências segundo suas convenções ou interesses. O julgamento da história ocorre a partir do ponto de vista que só os pobres podem ter. O papel que lhes cabe não é discutir as ciências humanas ou sistemas de análise, mas, desde sua própria existência, ser obstáculo para que as ciências, quando os reconhecerem, possam revisar-se e transformar-se.

O Espírito Santo não propõe uma nova ciência, mas apresenta a todas as ciências o testemunho da realidade, o homem real tal como existe, diante de todas as teorias[31]. Da mesma forma, não apresenta uma nova visão da história, mas obriga todas as visões a se submeterem a seu critério de realidade, a se voltarem a seu objeto real, que é o humano. Segundo Comblin, é esse o modo como o Espírito Santo transforma a história: penetrando no interior de seus movimentos, ali onde se situa a ação humana para modificá-la, trazendo à tona seu objeto real.

3.2. O discernimento: espaço de atuação do Espírito Santo

Para Comblin, um elemento importante na dinâmica do discernimento é reforçar que a ação do Espírito Santo não tira a autenticidade do humano. De outra forma, ele não anula a decisão humana. A fim de dirimir qualquer má interpretação, Comblin expõe o processo de atuação do Espírito Santo diante da ação[32].

O Espírito Santo, segundo Comblin, conduz a história por meio dos discernimentos e das ações não por imposição, mas penetrando nas forças das ações humildes, modestas e em geral escondidas das pessoas, colocando nelas um novo selo, o do verdadeiro sentido, da verdadeira e única continuidade real na história dos homens[33]. Confrontados pelos desafios da evolução do mundo, os cristãos praticam o discernimento. Discernir é encontrar o caminho da vida e da ação que se pode fazer diante do mundo que se deseja transformar. O discernimento é a novidade cristã no plano da ação[34].

Comblin retoma a perspectiva paulina para demonstrar que o discernimento está no centro da mensagem cristã e até que ponto está longe de ser um pragma-

---

[31] Cf. Ibid., p. 101.

[32] No meu ponto de vista, este é o elemento de originalidade sistematizado por Comblin, ou seja, **como** o Espírito Santo atua na razão sem interferir na autonomia humana. Aí se encontra a diferença entre Comblin e os demais teólogos latino-americanos, especialmente Vitor Codina, no que se refere à explicação da ação do Espírito Santo na realidade histórica

[33] Cf. COMBLIN, 1986, p. 481.

[34] Cf. Ibid., p. 482. Afirma o autor: "O. Cullmann decía, con justa razón, que el discernimiento es el corazón de la moral cristiana". Autor citado: CULLMANN, Oscar. *Christ et le temps*: temps et histoire dans le christianisme primitif. Neuchâtel-Paris, 1957, p. 164.

tismo, pois esta toca ao encontro fundamental entre Deus e o homem, que é o centro do cristianismo.

Paulo, na primeira parte de suas cartas (1Ts 5,19.22; Rm 12,2; Fl 1,9-11; Ef 5,10), expõe o conjunto do mistério de Cristo, afirmando que este se faz realidade humana graças à ação, que, por sua vez, se define quando se discerne. Depende do humano fazer realidade o mistério da salvação, e sua decisão se chama discernimento. Por essa razão, longe de ser uma espécie de oportunismo, o discernimento é o princípio fundamental do atuar cristão, na medida em que esse atuar depende do Espírito Santo.

A lógica paulina mostra que o Espírito Santo nos recorda o ensinamento de Jesus sob forma de ação nova a cada momento. A expressão "fazer a vontade do Pai" se desloca do teórico para o prático: não saberemos qual é a vontade do Pai até o momento em que se começa a ação; há que buscá-la em meio aos sinais que se encontram no mundo, tentando responder a suas demandas. No caso específico do cristão, a vontade de Deus, que está por ser feita, é criada pelo Espírito Santo. Logo, discernir é criar um ato novo, que jamais é dado antecipadamente, nem pelo curso da história nem por mandato celestial[35].

Se a história não estivesse aberta à ação do Espírito Santo, ao improviso, ao não previsto, como nos postula o Novo Testamento, ela estaria antecipadamente escrita e definida, assim como a vida cristã só encontraria seu refúgio e sentido na meta-história, no mundo dos céus, eliminando diretamente o presente e sua possibilidade de transformação. Ora, uma das funções dos cristãos é a transformação do mundo. Por isso a resposta ao discernimento consiste em uma ação transformadora e transformada do mundo: transformadora enquanto procede do Espírito Santo e modifica o mundo, e transformada enquanto pertence ao mundo, mas a um mundo renovado.

Por isso, pelas ações novas advindas do discernimento, realiza-se o mistério pascal: morre-se para o velho mundo e nasce um novo que é a realização atual da morte e ressurreição de Cristo. O mundo passa pelo batismo por meio do discernimento humano, que é o modo pelo qual o cristianismo vive a esperança e o messianismo evangélico[36].

Em resumo, a ação não cai do céu pré-formatada nem é revelada em forma de iluminação, como gostariam os que preferem manter o *status quo*. Preferen-

[35] Comblin recupera ahí la idea de la revelación en dos fases: la primera que se da por la Revelación del Hijo que aporta la salvación y la segunda que cabe al hombre realizar, a partir de la confrontación de la salvación con la historia y la realidad. Como tratamos en el ítem 4.31. de ese capítulo.

[36] Cf. COMBLIN, 1986, p. 487. Afirma o autor: "El discernimiento muestra que algo nuevo es posible y que el cristianismo no está agotado por su pasado. Puede todavía crear algo nuevo. La vida del cristiano consiste precisamente en hacer surgir algo nuevo".

cialmente, ela deve ser buscada, discernida, estudada no mundo exterior, o qual é preciso conhecer e provar com flexibilidade. O discernimento é a função pela qual se encontra a história de Deus e dos homens, e o Reino de Deus se desvela na Terra, graças às ações humanas discernidas no Espírito Santo.

4. Discernimento × história e ação

Finalmente, cabe dizer as formas de articulação entre discernimento, de um lado, e história e ação, do outro, o que para Comblin é possível a partir de três palavras-chave: rejeição, aceitação e equilíbrio em relação à história.

A rejeição à história

Não foram poucos os momentos nos quais a Igreja rejeitou a história. Contudo, o mais importante é que esses movimentos não partiram da Igreja institucional, mas da Igreja dos pobres, das massas de cristãos, que em diversos momentos se movimentaram para trazer a Igreja de volta a sua centralidade[37]. O que as elites consideram como falta de cultura ou ignorância é ação movida em nome da história, que não provém simplesmente dos prejuízos contra as elites, mas da fé inspirada pelo Espírito Santo. A rejeição à história instituída tem sua origem do critério da Cruz, que indica de que lado se coloca a salvação (*theologia crucis*). Neste caso, o discernimento consiste em mostrar que existem critérios claros para tomadas de postura práticas.

A aceitação da história

A segunda perspectiva, a aceitação da história, não trata de abandonar a mensagem cristã. Trata, antes, de reconhecer o que na história pode constituir uma mediação válida para o Reino de Deus. De outra forma, o discernimento consiste em reconhecer tudo o que é aberto ao Espírito Santo na irrupção da história. Mesmo na ambiguidade da realidade, implica reconhecer o que apresenta a marca do Espírito criador (*theologia gloriae*): apesar de tudo, ainda se pode proclamar a vitória de Cristo nesta mesma história.

---

[37] Cf. COMBLIN, 1986, p. 488-489.

O equilíbrio na história

A terceira e última perspectiva é o momento em que os cristãos transformam a história e o mundo por inteiro ou o momento em que o mundo se deixa transformar pelos cristãos. Aí se produz o que Comblin chamará de espécie de fusão entre a espiritualidade cristã e a espiritualidade da cultura do mundo, em um movimento que desvelará uma forma complexa e múltipla, em que se situa a ação da imensa maioria dos cristãos.

Conclusão

À luz do texto apresentado, acredita-se poder afirmar que a beleza da pneumatologia de Comblin, para além da originalidade da ação sistematizada do Espírito Santo no mundo, encontra-se nas possibilidades de abertura que viabilizam o avanço do pensamento teológico. Destaca-se a abertura do caminho para a centralidade da reflexão eclesiológica: a Igreja somente se coloca em ação no mundo porque é constituída por homens e mulheres que se deixam colocar na dinâmica do Espírito Santo. Colocando-se assim compreendem-se como Povo de Deus a caminho, que contribui – a cada geração, por meio de suas ações – para a transformação das realidades e dos contextos em que se encontra, de modo a buscar o desvelamento do Reino de Deus na história. De um modo mais amplo, o olhar de Comblin vislumbra uma nova comunidade eclesial formada por seguidores/as de Jesus, que, impulsionados/as pelo Espírito Santo, assumem seus ensinamentos e se tornam profetas do tempo presente.

Referências Bibliográficas

CODINA, V. *Não extingais o Espírito (1Ts 5,19)*: iniciação à pneumatologia. São Paulo: Paulinas, 2010.

COMBLIN, J. *A liberdade cristã*. São Paulo: Paulus, 2009.

COMBLIN, J. A missão do Espírito Santo. *Revista Eclesiástica Brasileira*, 138 (1975), p. 288-325.

COMBLIN, J. *El Espíritu Santo y la liberación*. Madrid: Ediciones Paulinas, 1987.

COMBLIN, J. *Le témoignage et l'Esprit*. Paris: Éditions Universitaires, 1964.

COMBLIN, J. *O Espírito Santo na tradição de Jesus*. São Bernardo do Campo: Nhanduti Editora, 2012.

COMBLIN, J. *Tiempo de acción:* ensayo sobre el Espíritu y la historia. Lima: CEP, 1986.

COMBLIN, J. ¿Un día vendrá otro Juan XXIII? No hay ninguna previsión posible por el momento. *Revista Vida Pastoral*, 257 (2006), edición argentina.

IRÉNÉE DE LYON. *Contre les hérésies:* dénonciation et réfutation de la gnose au non menteur (traduction française par Adelin Rousseau). Paris: Cerf, 1984.

2010 AOS DIAS ATUAIS
Herança Teológica

JOSÉ COMBLIN, TEÓLOGO BIBLISTA: DO CHÃO DA VIDA À ELABORAÇÃO TEOLÓGICA

Rita Maria Gomes[1]

Introdução

Joseph Comblin foi e continua sendo um teólogo de peso. Talvez o grande diferencial de Comblin seja o fato de que ele jamais compartimentou sua reflexão teológica. A divisão em áreas, como teologia sistemática e prática e dentro da sistemática a exegese como disciplina independente, parecem não ter tido efeito algum sobre seu modo de teologar. Essa afirmação, ainda que tenha algo de temerária, justifica-se pelo fato de que Comblin fazia teologia conjugando o "chão da vida", a reflexão acadêmica sistemática e a prática bem fundamentada pela Bíblia.

Nesta reflexão o foco é a contribuição bíblica da teologia de Comblin, e isso não se faz sem certo receio de simplificações ou inflações. Tenta-se fazer um panorama, o mais realista possível, considerando dois tipos de produções: livros e artigos, escritos ou traduzidos para a língua portuguesa e que podem ser classificados como bíblicos. Isso não significa dizer que a contribuição bíblico-teológica de Comblin esteja restrita a essas obras, pois toda a sua reflexão teológica é muito bem fundamenta na Escritura. Como teólogo ele entendeu e incorporou o axioma "a Bíblia é a alma da teologia".

A produção teológica de Comblin impressiona, pois conta com mais de três centenas de artigos e duas dezenas de livros de acordo com o acervo do Centro de Pesquisa e Documentação Comblin. Isso significa que há um número ainda maior de produções. Quanto aos livros escritos e publicados por ele com foco na Bíblia, destacamos ao menos nove títulos e um número expressivo de artigos apenas em língua portuguesa. Os artigos classificados como bíblicos são, em sua maioria, publicados no periódico *Estudos Bíblicos*. Os publicados em língua francesa ou alemã estão difundidos em periódicos de tipos variados como os de espiritualidade e de teologia em geral.

[1] Doutora em Teologia pela Faculdade Jesuíta de Filosofia e Teologia (Faje) e professora e pesquisadora na Universidade Católica de Pernambuco (Unicap). E-mail: ritamarianj@gmail.com

O texto aqui apresentado está estruturado em duas partes desiguais. Na primeira, faz-se a consideração contribuição de Comblin a partir de alguns de seus livros e, na segunda, tendo por base alguns artigos. Os subtítulos atribuídos talvez não correspondam inteiramente ao texto apresentado do ponto de vista do rigor metodológica da academia, mas resguarda a essência do que foi a vida e o pensamento do autor.

A Bíblia e a vida: fontes inesgotáveis da reflexão teológica combliniana

Comblin é o tipo de teólogo que assumiu duas fontes primárias para a elaboração de seu pensar teológico: a Bíblia e a vida de cada dia. Importa falar sobre a vida para que não seja interpretada de modo abstrato, mas como o contexto no qual o teólogo está inserido. A experiência de cada dia que pode ser bastante desafiadora por causa das estruturas injustas e desumanas. Aqui tomaremos como ponto de partida a fonte escrita: a Bíblia. A vida vivida será considerada naturalmente por seu vínculo indestrutível, pois o texto bíblico nasce da reflexão das experiências de um povo iluminada pela fé em Deus e constantemente dialoga a vida daqueles que a recebem.

Assim, quanto aos livros produzidos e publicados por Comblin, pode-se dizer que eles são basicamente voltados para a teologia paulina. Apresenta-se aqui apenas alguns títulos. Ao menos dois desses livros abordam a pessoa de Paulo e sua condição de apóstolo: *Paulo trabalho e missão* (1991), e *Paulo, apóstolo de Jesus Cristo* (1993); quatro livros trazem comentários de cartas do apóstolo, tais como: *Epístola aos Efésios* (1987), *Epístola aos Colossenses e Epístola a Filêmon* (1986), *Epístola aos Filipense*s (1992) e *Segunda Epístola aos Coríntios* (1991); um comentário sobre o livro dos Atos dos Apóstolos em dois volumes, de 1988 e 1989 respectivamente e, por fim, um livro sobre o tema da evangelização publicado em 1980 com o título *Evangelizar*.

Mesmo não tendo uma tradução para a língua portuguesa, o recorte escolhido para esta reflexão, acreditou-se ser importante fazer uma menção à obra *Le Christ dans l'Apocalypse*, publicado pela editora Desclée , em 1965. A relevância para o panorama que fazemos neste texto se dá pela demonstração de que, ainda que o autor mostre certa predileção pela teologia paulina, seu conhecimento da Escritura é muito mais amplo.

Na introdução a seu comentário ao Livro dos Atos dos Apóstolos, publicado em dois volumes, Comblin explicita o método escolhido e alerta seu leitor das escolhas feitas e o caráter de tese das ideias apresentadas ali. Ele diz:

> Antes de começar, vamos enunciar brevemente em forma de tese a interpretação que será desenvolvida nesta introdução. Aliás, infelizmente, a introdução inteira terá de assumir de certo modo a forma de tese, é que não poderemos fornecer a demonstração de muitas das afirmações que faremos. [...] Escolhemos uma interpretação inspirada pela escola chamada "sociológica" por ser a mais adequada às necessidades da Igreja latino-americana (COMBLIN, 1988, p. 9).

Porém não se deve tomar esse alerta por uma não fundamentação da reflexão que ele desenvolve, pois ele está referindo-se apenas à introdução e remete o leitor às obras nas quais ele fundamenta as afirmações. O projeto de leitura e comentário desse livro bíblico é significativo porque, novamente, o autor parte da compreensão da necessidade dos fiéis da Igreja latino-americana. É a necessidade dos crentes que orienta sua leitura da Bíblia e, no caso específico, do livro dos Atos, a busca de compreensão da Igreja primitiva. Portanto é a questão eclesial a motivação e o fundamento último de seu estudo.

E ele segue explicitando sua tese de que o livro tem como questão de fundo os problemas próprios das comunidades para quem Lucas escreve, ou seja, para uma comunidade que enfrenta dificuldades para "ter tudo em comum". Essas comunidades apresentam entraves por serem formadas por judeus e gentios, ricos e pobres.

Em sua visão, o primeiro desafio era a comunhão de mesa, o segundo era o lugar da religião judaica, pois se interrogavam se poderiam continuar sendo judeus, uma vez que eram cristãos e a terceira tinha a ver com a relação com os romanos já que alguns membros pertenciam à elite e estavam ligados ao império, daí a questão se é possível ser cristão e fiel ao império (COMBLIN, 1988, p. 9-10).

Em relação à comunhão de mesa, Comblin escreve:

> Para os judeus não era tão difícil aceitar que os pagãos fossem batizados como eles. O difícil era comer com eles na mesma mesa. Pois isto era contrário à lei e os punha em contradição com suas próprias convicções (ou seus preconceitos) mais enraizadas (COMBLIN, 1988, p. 9-10).

É com esses pressupostos que o autor organiza os conteúdos em seu comentário ao livro. Algo semelhante ocorre com os comentários às cartas paulinas e deuteropaulinas citadas anteriormente. Comblin faz uma apresentação geral do texto (literária), mas, sobretudo situa o escrito bíblico no contexto histórico no qual foi escrita e do qual tira sua dinâmica para que seu leitor compreenda melhor a mensagem veiculada naquele escrito.[2]

No comentário a Segunda Epístola aos Coríntios, o autor começa por informar seu leitor de que a Segunda aos Coríntios é composta de cinco fragmentos que poderiam perfeitamente constituir cartas distintas. Ele indica esses fragmentos: 1,1–2,13; 7,5-16 seria a "carta de reconciliação"; 2,14–7,4 seria a "carta de apologia"; os capítulos 8 e 9 seriam duas cartas sobre o serviço dos pobres e 10–13 seria a "carta de loucura" (Comblin, 1991, p. 9). Com essa informação inicial, o leitor já percebe que está diante de um texto ao mesmo tempo crítico/acadêmico e enraizado na experiência de vida da comunidade ao qual a carta está endereçada. Antes de introduzir seu leitor nos detalhes da carta, ele o coloca a par da realidade da comunidade de Corinto.

Quanto às obras de caráter aparentemente biográfico em relação a Paulo, damos especial atenção ao livro Paulo apóstolo de Jesus Cristo. Nessa obra, Comblin apresenta o apóstolo de maneira leve em uma estrutura bem elaborada, começando pela consideração de sua juventude, conversão e início de sua missão. Na sequência, aborda o auge de seu trabalho missionário refletindo sobre as viagens, os conflitos e desafios da missão. Em um terceiro momento, apresenta o "evangelho de Paulo", no qual traz as principais afirmações do apóstolo sobre Jesus; em seguida, tece comentários gerais sobre suas cartas. Por fim, fala de sua paixão segundo Lucas e de seu martírio. A última parte da obra está dedicada ao que chama de "escola paulina", na qual considera as chamadas cartas deuteropaulinas e perspectiva de Lucas sobre Paulo. A segunda obra de caráter mais biográfico, "Paulo, trabalho e missão", é de menor envergadura, mas não menos importante. Tem uma linguagem mais narrativa como quem conta a história de alguém conhecido. Ela é de fácil acesso ao leitor comum.

Na obra *Evangelizar*, temos um recorte interessante sobre o evangelho nas perspectivas dos quatro evangelistas e do apóstolo Paulo. Comblin segue um esquema único para a apresentação de cada um: tema central com seus desdobramentos. Assim, apresenta o evangelho de Mateus como uma apresentação da verdadeira lei de Deus, tendo as bem-aventuranças como uma espécie de resumo do evangelho; o evangelho de Marcos é apresentado como o evangelho em sua caminhada por meio da consideração da fé e de Jesus como evangelho do Pai; em Lucas, o evangelho é apresentado a partir da consideração da libertação dos pobres e o poder de Jesus; em João o evangelho é apresentado a partir da consideração de Jesus como enviado do Pai e a condenação do mundo; por fim, o evangelho de Paulo como evangelho das nações a partir da evangelização dos gregos.

[2] A brevidade deste texto e o objetivo deste projeto não permite um comentário mais detalhado de cada obra.

Enfim, a produção bíblico-teológica de Comblin não deve ser avaliada apenas por seu número, ainda que seja considerável, pois embora a quantidade demonstre algo da importância do autor não é o único fator a ser considerado. O impacto dessas produções em termos de difusão e apropriação por parte dos leitores é muito relevante. Ainda que não tenhamos tempo nem condições de fazer esse levantamento, podemos intuir esse impacto pelos canais de publicação já que são reconhecidos por alcançar as bases dos grupos eclesiais e os centros de formação de clérigos e leigos.

A elaboração da teologia bíblica a partir da vivência missionária

A compreensão de que a base da reflexão bíblica de Comblin vem de sua vivência missionária fica patente em um artigo publicado em 2008 na revista Estudos Bíblicos. O artigo intitulado "Ler a Bíblia" começa com a afirmação de que a Bíblia não é uma obra de tipo manual com o objetivo de transmitir uma doutrina filosófica ou de sabedoria dirigida à inteligência de um leitor que representaria a consciência universal da humanidade e sim uma forma particular de comunicação na qual Deus fala "a todos e a cada um em particular" (COMBLIN, 2008, p. 26).

Nesse pequeno artigo Comblin demonstra a ampla visão teológica originada de sua experiência de encontro com Jesus Cristo, alimentada continuamente pela leitura e reflexão da Bíblia. Aí se encontra uma explicação simples e clara do quão diversa pode ser a leitura da Bíblia, mas ele foca no contraponto entre uma leitura puramente literária dos textos bíblicos, ou seja, acadêmica e a leitura comunitária ou coletiva. O autor ressalta que na primeira o leitor fica "de fora" da mensagem veiculada pelo texto, enquanto na segunda está imerso nela, pois começa a ler a partir de sua vivência (COMBLIN, 2008, p. 26 e 31).

Ainda sobre a leitura da Bíblia que ele propõe a contextual, recorda que importa conhecer a Bíblia mais por ela mesma e cita o caso de um indígena que, sentado a seu lado em um ônibus, lia a Bíblia muito concentrado e que ele lhe perguntou se iria ler o livro todo. O indígena lhe disse que já leu a Bíblia seis vezes e que a cada leitura aprendia algo novo. Ele concluiu seu artigo dizendo: "A familiaridade com a Bíblia ajudará a descobrir as palavras que expressam a palavra que nos dirige o próprio Deus" (COMBLIN, 2008, p. 32).

Na linha da leitura bíblica contextual, pode ser considerado o artigo "A Bíblia e o compromisso social", publicado um ano antes do artigo acima considerado. Nesse texto, Comblin parte da noção bíblica de povo de Deus. Essa noção tão cara à eclesiologia do Concílio Vaticano II é apresentada como oriunda do próprio Deus que a dá a Abraão quando promete que ele seria o fundador de um povo (COMBLIN, 2007, p. 9).

Em seguida, ele faz uma importante distinção e uma oposição. Lembra que o mundo no qual Israel vai se constituir como povo era estruturado por reinos e que no reino não existe povo e sim sujeitos. É nesta configuração que o conceito de povo, que posteriormente será apreendido pelos gregos e fundamentará a criação da democracia, é herança de Israel, embora o povo da democracia grega ainda fosse "mais simbólico que real", pois a "pertença ao povo de Atenas vinha da propriedade e do apelativo. O povo no sentido de pertença de todos os habitantes, de todos os seres humanos por serem humanos foi uma novidade bíblica" (COMBLIN, 2007, p. 9).

Tudo parece muito bom e animador, no entanto, Comblin recorda que o povo surge na Escritura como anúncio e promessa e que a concretização se dá em "realizações muito parciais". Isso não é tudo, pois afirma que essa dinâmica de realizações parciais se verifica ainda na Igreja onde "o conceito de povo ainda não está suficientemente concretizado" (COMBLIN, 2007, p. 9).

Ele entende, com base nos relatos bíblicos veterotestamentários, que o povo tal como desejado por Deus se opõe à organização baseada no poder e no desejo de poder. O que seria um povo foi aparecendo devagar e foi se revelando por meio da interpretação feita pelos profetas das experiências históricas. A noção de povo vai tomando forma na descendência de Abraão à medida que ela vai profeticamente interpretando suas vivências e descobrindo sua vocação, originalidade e percebe as diferenças em relação a outros grupos humanos (COMBLIN, 2007, p. 9).

Nesse caminhar, a libertação do Egito é fundamental, porque é na interpretação dessa experiência fundante que a descendência de Abraão vai se entender como povo. O que faz aquele grupo ser povo é a aliança celebrada com o Deus que o libertou. A partir dali eles passam a ser um povo. Desse modo, o conceito de povo se opõe já em sua raiz aos reinos que no exercício do poder aprisionam, maltratam e exploram. Esse povo se constitui a partir de uma ótica e organização diferente dos outros, seus códigos legais têm por foco o cuidado e a proteção do humano mais frágil. Comblin apresenta essa ideia ao retomar textos como Ex 21,2 e afirmar "o código dito da aliança mostra uma atenção especial ao escravo hebreu que sairá livre no sétimo ano" e em relação ao texto deuteronômico de 22,20-26 diz "há uma série de leis que defendem os estrangeiros, as viúvas e os órfãos, os devedores" (COMBLIN, 2007, p. 10).

Comblin cita inúmeros outros textos que complementam ou reforçam essa noção. Ao retomar citações dos profetas, ele chega a outro conceito essencial no mundo bíblico, principalmente nos profetas: o de justiça. A sequência esperada, o autor demonstra como Jesus se alinha com os profetas em uma perspectiva ainda mais radical porque Jesus não só se coloca do lado dos pobres, ele mesmo é pobre

(COMBLIN, 2007, p. 12). Na reflexão sobre Jesus, Comblin recorda que Jesus não fez grandes discursos teológicos, sua vida era revelação de Deus, portanto, ele próprio é a Palavra de Deus aos seres humanos.

Mas falar de povo e povo de Deus é no fundo falar de eclesiologia. Então, nesse artigo o autor traz uma forte contribuição para a compreensão da Igreja e sua missão de acolhida e defesa dos mais pobres e indefesos. Em uma leitura enraizada da Escritura, o autor retoma a compreensão de que os evangelistas apresentam em Jesus e seus discípulos uma refundação do povo de Deus, o resto de Israel. Aquilo que se espera do povo de Deus, por isso, recorda que "o agir de Jesus tem valor de referência permanente. Jesus não denuncia, nem condena somente aqueles que desviaram seu povo naquele tempo, mas os que desviam em todos os tempos" (COMBLIN, 2007, p. 13).

Assim, reforça uma compreensão básica da fé cristã: a atualidade da palavra e da ação de Jesus. Desse modo, não se pode pensar em Jesus como alguém do passado que é inspirador de certas atitudes, ele é alguém presente continuamente na Igreja a ensinar com sua própria vida. Jesus ensinou com palavras e atos e é isso que faz com que toda a sua vida seja ensinamento e revelação de Deus aos seres humanos.

Comblin refletiu sobre a situação dos marginalizados de nosso tempo em um artigo escrito para a revista paulina Vida Pastoral, em 1997, intitulado "Anunciar aos aprisionados a libertação". Com esse título era natural que ele partisse do texto lucano da sinagoga de Nazaré e é justamente isso que faz. Já na introdução desse artigo Comblin faz duas considerações importantes: Jesus se dirige a um povo que voltou do exílio há quatro séculos, mas continua aprisionado, como no tempo do profeta Isaías esteve Israel cativo na Babilônia. Importa recordar que a prisão não era castigo ou a pena prevista pela lei no tempo bíblico. Na época de Jesus a prisão antecedia o castigo ou a pena. Ficava-se preso aguardando o julgamento que poderia trazer como pena a morte, a flagelação, a mutilação ou a escravidão (COMBLIN, 1997).

A partir dessa consideração inicial ele faz a hermenêutica necessária a seu próprio tempo e se pergunta:

> Será que, por isso, não há relação nenhuma entre o povo de Israel escravizado por suas elites e os presos que estão em nossas prisões? Partindo daí, não haveria nenhum anúncio para os presos que foram condenados e hoje se encontram nos cárceres?" (COMBLIN, 1997).

Comblin, com um olhar profético, faz uma análise da situação da justiça e de sua aplicação nos Estados, cita exemplos de situações no Brasil, na Argentina e

Itália e impressiona o alcance temporal de seu olhar, pois esse artigo poderia ter sido escrito agora de tão atual.

Ele cita duas categorias de presos: os inocentes, que estão presos porque não sabem ou não tem condições de provar sua inocência, e os que estão presos por delitos menores, que causariam menor prejuízo à sociedade se estivessem fora das prisões. Comblin não é um defensor "de bandido", como poderiam facilmente acusá-lo nos dias de hoje, é alguém impregnado do evangelho que busca a aplicação da justiça divina que conta com o perdão e a restauração das vidas humanas. Ele tem a compreensão básica do que hoje se chama justiça restaurativa[3]. E claro, como profeta, denuncia a parcialidade das instituições jurídicas que não exigem as provas de inocência de pessoas mais ricas e poderosas.

No artigo "A pedra que os construtores rejeitaram", de 1995, Comblin foca na pessoa de Jesus e em sua condição de rejeitado que abarca todo o período de sua vida. Partindo do Salmo 118,22 que diz "a pedra que os construtores rejeitaram, tornou-se agora a pedra angular", servia perfeitamente para expressar o que os primeiros autores neotestamentários entendiam que havia acontecido com Jesus. Daí, por ter sido rejeitado pelos homens, Deus o escolheu. "Deus escolheu justamente o que tinha sido rejeitado" (COMBLIN, 1995). É a partir dos textos neotestamentários que citam o Salmo e de tantos outros textos que expressam as diversas situações de rejeição de Jesus que Comblin vai iluminar a situação dos muitos rejeitados de nosso tempo, os excluídos das e nas sociedades atuais.

Jesus não só se ocupou dos pobres, ele mesmo era pobre. Jesus não só se ocupou dos rejeitados e excluídos, ele era um deles. Por isso Comblin afirma: "O próprio Jesus procurou a companhia dos rejeitados da sociedade. Não se pode saber qual foi a causa e qual foi o efeito: se foi rejeitado porque frequentava os rejeitados, ou se frequentou os rejeitados porque era ele próprio rejeitado. Não importa" (COMBLIN, 1995).

Dentro da categoria de excluídos do tempo de Jesus, existe uma variedade de grupos: os leprosos, os cobradores de impostos, os pagãos, os samaritanos etc. E mais, essa exclusão era legal no sentido jurídico do termo. Estava na Lei. Por isso é tão fundamental fazer a distinção entre legal e justo já que nem sempre as leis são justas. Jesus, por entender profundamente a vontade do Pai, vai além da lei e acolhe todas as pessoas que se encontravam na categoria dos excluídos.

[3] Mais sobre o tema pode ser encontrado na obra ZEHR, Howard. *Trocando as lentes*: um novo foco sobre o crime e a justiça. Tradução de Tônia Van Acker. São Paulo: Palas Athena, 2008.

> Na parábola do banquete, Jesus parece enunciar um princípio geral: no Reino quem estará finalmente presente serão todos os marginalizados. Os convidados – israelitas observantes da lei (Lc 14,15-20) – não apareceram. Então entram no Reino "os pobres, os estropiados, os cegos e os coxos. Sobra lugar e Jesus chama os que estão longe "pelos caminhos e trilhas". São os que não observam a lei rigorosamente e que os judeus não reconhecem como bons israelitas (COMBLIN, 1995).

Comblin chama a atenção para mais um detalhe importante dessa atuação de Jesus. Ele não escolhe os excluídos e marginalizados porque tenham algum tipo de superioridade moral ou religiosa, sua escolha justifica-se apenas pela condição de excluídos, de rejeitados. Assim, as gerações de cristãos foram constituídas de pessoas marginalizadas. Por isso as comunidades cristãs eram distintas das comunidades judaicas.

Os cristãos não exigiam nenhuma condição prévia para fazer parte da comunidade, enquanto os judeus exigiam a circuncisão. A comunidade cristã acolhia a todos sem marcar distinções, as mulheres e os homens eram iguais, os escravos e seus amos igualmente. Isso lembra a afirmação paulina "não há mais judeu ou grego, escravo ou livre, homem ou mulher" (Gl 3,28). Assim, "explica-se porque tantos escravos e tantas pessoas de baixa condição se converteram a Cristo, integrando a Igreja. A pertença à Igreja cristã era uma promoção social. A Igreja pôde ser, para muitos, o refúgio dos excluídos e, ao mesmo tempo, o protesto contra a exclusão" (COMBLIN, 1995).

A última parte desse artigo está dedicada à reflexão sobre a exclusão que a Igreja assume sistematicamente. No início visando marcar sua identidade e, posteriormente, pela instauração do regime de cristandade que de fato continua existindo na Igreja, embora não mais de direito. Com uma abordagem histórica clara, o autor situa a fragilidade da opção bíblica pelos pobres no seio da Igreja em razão da permanência da mentalidade da cristandade em muitas lideranças eclesiais e em grande parte do povo. Essa realidade tanto continua a gerar excluídos quanto cria em muitos grupos sociais verdadeira aversão à Igreja por ser ela herdeira do regime que sistematicamente excluiu e condenou muitas pessoas, inclusive à morte.

Em artigos de épocas distintas, Comblin trata do mesmo tema sob diferentes perspectivas. Encontramos estreita relação entre os artigos "Paulo e a mensagem da liberdade", de 1987, "Cidadania, lei e liberdade", de 2003, e "A Bíblia e compromisso social", de 2007. Este último já foi considerado logo acima de modo que passamos ao de 2003. Em "Cidadania, lei e liberdade", Comblin reflete o conceito de cidadania a partir da teologia paulina. Ele começa afirmando que "o problema teológico da cidadania é aplicação da doutrina paulina fundamental sobre a lei e a liberdade" (COMBLIN, 2003, p. 101).

Ele identifica desde o início dos relatos bíblicos uma espécie de contradição entre duas concepções de Deus e do povo de Deus. É a partir daí que ele vai desenvolver toda uma teologia sobre a condição das sociedades de todos os tempos e da Igreja nos diversos momentos de sua história. Ao tomar o texto do sacrifício de Isaac como exemplo, o autor demonstra essa contradição entre uma representação de Deus que manda matar o primogênito, algo comum nas religiões daquela época, e um Deus que proíbe a morte do primogênito. O primeiro é o Deus da religião da Lei, o segundo o Deus da religião da liberdade. Não passou despercebida a conclusão do texto (v. 16-18) que Comblin afirma ser ambígua porque

> Deus promete a Abraão uma descendência grande como recompensa. Recompensa de quê? De não ter matado o filho ou de ter estado disposto a matá-lo? Dentro do texto atual a recompensa é por ter-se disposto a sacrificar o filho, como prova de obediência. Aí está a religião da lei. No entanto, a história não deixa de ser estranha. Na base da narração está a proibição de matar o primogênito, ou seja, de cumprir o que a lei manda (COMBLIN, 2003, p. 101).

Por isso ele conclui que o texto que nos chegou é já fruto do provável escândalo que deve ter causado nos defensores da lei que modificaram o texto de modo a fazer da narrativa o testemunho de "submissão à lei que manda matar e fazendo da proibição final uma concessão de Deus" (COMBLIN, 2003, p. 101). Esse debate sobre as duas concepções de Deus reaparece no tempo dos reis. Ali os profetas serão as vozes dissonantes. Pois, desde Samuel, eles advertem para os perigos da realeza. Os profetas se encarregarão de denunciar as lideranças do povo, tanto reis quanto sacerdotes. Primeiro, eles denunciam os reis pelo uso da violência e por fazerem guerra com as outras nações pelo poder. No entanto, em vários textos bíblicos, a ordem de fazer a guerra parte do próprio Deus. Aí se entende o exemplo inicial das duas imagens contraditórias de Deus. Por isso

> na versão final o que faz Israel é a submissão à lei, todas as leis, as leis do rei e as leis do templo e do culto. A violência feita em nome da lei fica desculpada pela ordem divina. Inumeráveis são os textos que mandam matar em nome de Deus. Esta doutrina não é a dos profetas, mas a dos sacer-

> dotes e legistas, por exemplo, os autores das redações deuteronomista e sacerdotal do livro de Lei. Aliás, esta coleção recebeu no nome de Torá, Lei, para manifestar que em sua versão definitiva ela representava a teologia dos sacerdotes (COMBLIN, 2003, p. 102).

Por que isso é importante? Porque a cada nova geração é necessário confrontar a liberdade do Espírito com a lei das instituições. A leitura que Comblin faz da figura de Jesus em relação à lei o coloca como alguém contrário à lei. Poderíamos dizer que ele encontra a mesma ambiguidade dos textos veterotestamentários porque Jesus, segundo os relatos evangélicos, toma muita liberdade em relação à lei, embora ali também se encontram testemunhos de Jesus dizendo que não veio abolir a lei. Isso explica por que Jesus entrou em conflito com o sistema sacerdotal legalista marcado pelo exemplo da expulsão dos vendedores do templo de Jerusalém. Além disso, Jesus também entrou em conflito com os doutores da lei.

Para pensar a questão da lei e da liberdade na teologia paulina, Comblin parte da constatação que fez Paulo de que a lei matou Jesus. Como fariseu, Paulo tinha aprendido que a lei era o meio de alcançar a vida. Como conciliar a realidade e seu conhecimento da lei? Paulo vai do radicalismo da Carta aos Gálatas, na qual afirma que por sua morte Jesus destruiu o regime da lei, à moderação da Carta aos Romanos, que admite alguns efeitos positivos na lei, mas não se pode esperar que ela seja capaz de realizar a verdadeira cidadania (COMBLIN, 2003, p. 105).

O último passo em sua reflexão supõe uma teologia da história. Jesus anunciou a proximidade do Reino sem jamais especificar as estruturas do Reino. Na perspectiva de Comblin, isso se deve ao fato de que "o reino de Deus é uma caminhada, não é uma realidade estabelecida sobre leis e constituições" (COMBLIN, 2003, p. 108). Por isso Jesus também não estabelece nenhuma lei ou constituição. Porém, relembra o autor,

> na história as leis são inevitáveis. As sociedades históricas precisam de leis, por isso elas são condenadas à injustiça. Não há lei que possa garantir os direitos dos cidadãos. Pode afirmar teoricamente os direitos dos cidadãos, como fazem as constituições e as leis dos países ditos democráticos. Mas, debaixo dessas leis que proclamam a liberdade e a igualdade das pessoas, existe a realidade que é contrária (COMBLIN, 2003, p. 109).

Assim, o autor conclui que a cidadania só existe em forma de luta. Ela não existe como realidade estabelecida e sim como luta incessante. Novamente, com uma atualidade que impressiona, Comblin afirma que a luta pela cidadania inicia pela denúncia das leis sancionadas com a pretensão de fundar a justiça, mas o que fazem é consagrar a injustiça. Por isso ele afirma: "a luta pela cidadania é uma luta contra as leis, contra o sistema legal estabelecido, o sistema legislativo, o sistema de governo e o sistema judiciário, porque todos são injustos e fontes de injustiça" (COMBLIN, 2003, p. 109)

Por fim, o autor identifica essa luta contínua por cidadania com o Cristianismo. No entanto, alerta que inclusive essa luta muda de acordo com o momento histórico vivenciado. Como os apocalípticos, ele conclui com a afirmação de que haverá uma vitória em um determinado momento, mas ela pertence a Deus e não sabemos quantas batalhas ainda nos faltam.

No último artigo dessa tríade, "Paulo e a mensagem da liberdade", de 1987, o autor sagrado vai contrapor a liberdade em Cristo à escravidão da lei. Comblin começa retomando uma alegoria paulina que explica sua nova condição de homem livre. Em Gl 4,24 Paulo usa as personagens de Sara e de Agar e de seus respectivos filhos para falar do binômio liberdade-escravidão. Ele, usando do recurso da alegoria, atribui a essas personagens o valor das alianças e cada aliança é relacionada com um lugar. A aliança do Sinai é a de Agar, portanto, da escrava e todos que estão sob esse pacto e sua lei são igualmente escravos porque descendem da escrava. A aliança oposta está relacionada com Jerusalém, mas não a terrena e sim a celeste. É dessa aliança que ele reconhece sua ascendência. Com esse recurso, Paulo opõe a liberdade cristã à escravidão da lei.

A missão de Comblin no Nordeste brasileiro o ajudou a pensar em muitas outras realidades particulares, como a questão dos homens e das mulheres negras que foram escravizados e vivem sob o estigma da escravidão. Em dois artigos, essa questão é abordada: "O batismo do ministro da rainha da Etiópia" e "Os escravos e o Evangelho de Paulo".

No primeiro, Comblin analisa o texto de At 8,26-40 e, fazendo uso da intertextualidade com os profetas Isaías, Sofonias e com o poeta Homero, demonstra que "os confins do mundo" de que fala o livro de Atos não é Roma e sim a Etiópia. Daí deduz a importância capital da presença dos negros na constituição da Igreja primitiva (COMBLIN, 1988a, p. 64).

Nessa mesma linha, reflete sobre a situação da Igreja primitiva em relação aos escravos e afirma que "os pagãos desprezavam o cristianismo por ser uma religião de escravos e por nascer do proselitismo dos escravos" (COMBLIN, 1988b, p. 69). Ele lança um olhar atento para a motivação dos humanos escravizados para se fazerem batizar e integrar a nova religião que surgia: nas comunidades cristãs, ao menos em suas assembleias, escravos e livres eram iguais, partilhavam a mesma mesa.

Ainda que ao sair das reuniões da comunidade tivessem de enfrentar a realidade na qual o escravo continuava escravo, a vivência da fé cristã em que todos eram iguais forçou a mudança no Império Romano.

> É verdade que, depois da assembleia, todos se achavam de novo no mundo duro e implacável da sociedade escravagista. Contudo, esta não podia não sofrer os efeitos das reuniões em que todos se achavam iguais. A comunhão na Eucaristia devia ter consequências no mundo exterior. [...] O regime cedeu mais cedo no Império romano do que nos regimes coloniais das Américas que permaneceu por mais de 3 séculos (COMBLIN, 1988b, p. 69).

Um tema também considerado por Comblin é o da fome e para quem conheceu de perto a realidade nordestina refletir sobre isso é incontornável. No artigo "A fome e a Bíblia" Comblin não foi apenas claro, preciso academicamente, foi profético. Sua reflexão mostrou-se atual para o momento em que escreveu e por ser profética permanece atual.

A fome voltou a ser um problema crítico no Brasil com a volta do país ao mapa da fome (JORNAL NACIONAL, 6.7.2022). Em seu artigo, ele analisa as diversas "vozes" que aparecem na Escritura para falar da fome e estas vão desde o relacionar a fome com a preguiça, com o castigo e com a provação. Comblin culmina com a constatação, também na Escritura, de que Deus alimenta seu povo evocando principalmente o alimento providenciado por Deus no deserto: o maná e a atualização deste alimento na multiplicação dos pães e peixes presentes nos Evangelhos (COMBLIN, 1995).

Conclusão

Comblin é um teólogo que continua se destacando mesmo depois de sua morte. Ele é conhecido por muitos como o "teólogo da enxada". A alcunha se deve ao trabalho missionário no interior do Nordeste e devido à obra coordenada por ele e intitulada "Teologia da enxada: uma experiência de Igreja no Nordeste", publicada em 1977 pela Editora Vozes.

No entanto deve-se recordar quem ele foi e continua sendo um pensador da atualidade. Ler a produção de Comblin, ainda que sejam obras mais antigas, faz com que o leitor hodierno não perceba quanto tempo se passou. Ainda é atual sua reflexão sobre a escravidão e as consequências delas com as quais convivemos ainda hoje e que de, tempos em tempos, parecem reacender com mais força. Os preconceitos raciais e regionais revelam o quanto a máxima paulina "não há judeu nem grego, escravo ou livre, homem ou mulher; porque todos vós sois um em Cristo Jesus" (Gl 3,28) ainda está longe de ser efetiva.

Como bem recordou o próprio Comblin, a comunidade cristã que "aboliu" as diferenças por um tratamento igualitário passado um tempo assumiu novamente a escravidão como elemento constituinte de suas sociedades e, ainda hoje, convivemos com o desejo de marcar as diferenças como justificativa para uma hierarquização que desvaloriza alguns de seus membros, quando as diferenças são para a complementaridade e riqueza da Igreja. Espera-se que a reflexão de Comblin, como a de tantos outros teólogos, continue a iluminar nosso fazer teológico.

Referências Bibliográficas

COMBLIN, Joseph. Paulo e a mensagem de liberdade. *Estudos Bíblicos,* Petrópolis, n. 14, p. 64-70, jul. 1987.

COMBLIN, Joseph. O batismo do ministro da rainha da Etiópia. *Estudos Bíblicos,* Petrópolis, n. 17, p. 63-68, abr. 1988a.

COMBLIN, Joseph. Os escravos e o Evangelho de Paulo. *Estudos Bíblicos,* Petrópolis, n. 17, p. 69-76, abr. 1988b.

COMBLIN, Joseph. A fome e a Bíblia. *Estudos Bíblicos,* Petrópolis, n. 46, p. 25-32, 1995.

COMBLIN, Joseph. A pedra que os construtores rejeitaram tornou-se a pedra angular. *Vida Pastoral,* São Paulo, v. 36, n. 180, p. 5-10, jan./fev. 1995. Acesso em 20 de fevereiro de 2023, 9h46, em https://www.vidapastoral.com.br/artigos/cristologia/a-pedra-que-os-construtores-rejeitaram-tornou-se-a-pedra-angular/

COMBLIN, Joseph. Anunciar aos aprisionados a libertação. *Vida Pastoral,* São Paulo, v. 38, n. 192, p. 7-11, jan./fev. 1997. Acesso em 20 de fevereiro de 2023, 8h12, em https://www.vidapastoral.com.br/artigos/temas-sociais/anunciar-aos-aprisionados-a-libertacao/

COMBLIN, Joseph. Cidadania, lei e liberdade. *Estudos Bíblicos,* Petrópolis, n. 79, p. 101-110, 2003.

COMBLIN, Joseph. A Bíblia e o compromisso social. *Estudos Bíblicos,* Petrópolis, n. 95, p. 9-16, mar. 2007.

COMBLIN, Joseph. Ler a Bíblia. *Estudos Bíblicos,* Petrópolis, n. 100, p. 26-41, abr. 2008.

COMBLIN, Joseph. *Evangelizar.* Petrópolis: Vozes, 1980.

COMBLIN, Joseph. *Atos dos apóstolos.* Vol. I, 1–12. Petrópolis: Vozes, Metodista, Sinodal, 1988.

COMBLIN, Joseph. *Atos dos apóstolos.* Vol. II, 13–28. Petrópolis: Vozes, Metodista, Sinodal, 1989.

COMBLIN, Joseph. *Epístola aos Efésios.* Petrópolis: Vozes, 1987.

COMBLIN, Joseph. *Epístola aos Colossenses e Epístola a Filêmon.* Petrópolis: Vozes, 1986.

COMBLIN, Joseph. *Epístola aos Filipenses.* Petrópolis: Vozes, 1992.

COMBLIN, Joseph. *Segunda epístola aos Coríntios.* Petrópolis: Vozes, 1991.

COMBLIN, Joseph. *Paulo, apóstolo de Jesus Cristo*. Petrópolis: Vozes, 1993.

COMBLIN, Joseph. *Paulo, trabalho e missão.* São Paulo: FTD, 1991.

COMBLIN, Joseph. *Le Christ dans l'Apocalypse.* Paris-Tournai: Desclée, 1965.

JORNAL NACIONAL. Brasil volta ao mapa da fome das Nações Unidas. In: G1 JORNAL NACIONAL. Acesso em 23 de março de 2023, 10h29, em https://g1.globo.com/jornal-nacional/noticia/2022/07/06/brasil-volta-ao-mapa-da-fome-das-nacoes-unidas.ghtml

COMO LER OS LIVROS DE JOSÉ COMBLIN?

(Uma contribuição à III Jornada José Comblin, na PUC de São Paulo, entre 5 e 8 de junho de 2023)

Eduardo Hoornaert

Três intuições sustentam a obra teológica de José Comblin: O passado glorioso da Igreja católica não volta mais; mesmo assim, esse passado teima em voltar; nessa conjuntura, temos de escutar o que nos diz o Espírito Santo. A percepção dessas intuições nos ajuda a ler os livros de José Comblin.

* * *

O passado glorioso da Igreja católica não volta mais.

Ao longo de seus livros, José insiste, mesmo sem usar as palavras que estou usando aqui, que o passado glorioso da Igreja católica passou e que isso é bom. Passou o tempo das gloriosas catedrais, das igrejas paroquiais no centro das aldeias, das mitras episcopais e mesmo dos microfones nas mãos de sacerdotes. Isso é bom, pois significa – direta ou indiretamente – a superação de uma época que não existe mais, a época em que a Igreja católica era a instituição mais poderosa das sociedades ocidentais, com seu Papado no topo, suas dioceses espalhadas pelo mundo, suas paróquias a marcar as horas do dia, os dias da semana, as semanas do ano e os anos da vida, ou seja, a acompanhar a vida das pessoas do nascimento à morte, por meio de ritos, pregações, regras de conduta e instrumentos de coerção.

Quando José Comblin fala de um passado que passou, ele se refere à Idade Média, o tempo do triunfo da instituição católica. Em um de seus textos, ele fala dos *erros gigantescos praticados pela hierárquica eclesiástica* na época, principalmente do erro fatal em construir uma cristandade sem praticamente nenhuma referência ao Jesus de Nazaré, ou seja, em substituir a tradição de Jesus pela construção de um imaginário impressionante de poder e glória, sem apelar, a rigor, para a inteligência das pessoas.

Desse modo se formou um 'povo de Deus' por meio de uma hegemonia política, cultural, religiosa e imaginária. Não por meio do apostolado, no sentido em que Jesus entendeu o termo. Esse desvio *gigantesco* nos desafia, pois nos damos conta de que resgatar o sentido original do cristianismo é coisa muito difícil hoje. Muito difícil mudar de postura psicológica, convencer-se que é preciso mudar de mentalidade. Para quem foi educado dentro da ideia de uma instituição eclesiástica eterna e imutável e com imagens que acompanham as pessoas do nascimento até a morte, criando a ilusão de uma sociedade 'cristã' transmitida por 'osmose', pela simples transmissão da cultura, na sucessão das gerações, isso resulta muito difícil.

Enraizada em uma longa história de ritos, regulamentos, dogmas, comportamentos morais e tradições transmitidas de geração em geração, a Igreja católica não tem nada a oferecer a quem está a caminho de abandonar tais ritos, regulamentos, moral e costumes. Enquanto os sacerdotes ainda podem camuflar essa penosa questão entendendo por 'evangelizar' a execução de ritos sacramentais, a celebração de missas, a reunião do povo em torno da igreja paroquial, os leigos demonstram à clara luz do dia essa incapacidade de evangelizar. Mas eles mesmos, muitas vezes, não sabem mais o que é o evangelho. Confundem entre evangelho e ritualismo, moralismo, preservação da família e das tradições, sabedoria de séculos.

E aí apareceu, a partir do século XVII, a modernidade. Ela baralhou tudo. As lideranças eclesiásticas custavam a compreender o que estava acontecendo e reagiram negativamente. Defendiam-se como podiam, excomungavam, proibiam, segregavam, marginalizavam, discriminavam, condenavam. Sem sucesso: a mentalidade moderna avançou inexoravelmente.

Hoje, para não enfrentar problemas, muitas pessoas simplesmente 'desligam' sem fazer alarde. Não dizem nada, mas não vão mais à missa dominical, não se confessam mais, não escutam mais os sacerdotes, se 'secularizam'. Dou aqui apenas dois sinais dessa revolução silenciosa.

O primeiro, quase nunca comentado, é do ano 1962. No momento em que os serviços de saúde pública dos Estados Unidos liberam a pílula anticoncepcional, as mulheres do mundo ocidental aderem em massa, pois preferem escutar o ginecologista a escutar o sacerdote. Em poucos anos, a fisionomia das famílias, pelo menos no mundo ocidental, muda drasticamente, com efeitos ainda hoje em curso.

Um segundo sinal pode ser detectado nas estatísticas sobre 'religião'. Os chamados 'sem religião' (na realidade 'não afiliados a alguma denominação religiosa'), já formam um quarto da população dos Estados Unidos (veja os números do Pew Center, na Internet). A situação na Europa não deve ser muito diferente. Na América Latina, os 'sem filiação religiosa' já passam dos 10%, sendo o segmento que mais cresce.

São 'revoluções silenciosas' nem sempre fáceis de serem detectadas, pois existem muitas formas de resistência, de um lado e do outro.

* * *

Mesmo assim, esse passado teima em voltar.

Ainda estão em pé as catedrais e as igrejas paroquiais, os bispos ainda andam com mitra na cabeça e as pompas litúrgicas persistem. Poucos percebem que esses são sinais de um passado que não volta mais. Diz-se, com razão, que 'o passado vive em nós'.

Não se vira a página de séculos de triunfalismo católico sem esforços continuados. Um passado tão glorioso como o do catolicismo, se não for redimido pelo espírito genuíno do cristianismo, ameaça voltar com redobrado vigor, como alertam não poucos observadores. Curvado sob o peso de tradições seculares, a Igreja católica tem dificuldade em captar a novidade do evangelho. Seu passado pesa muito.

Assim se compreende que Comblin, em suas falas e seus escritos, nunca omite a dimensão histórica. Nunca 'pula' em cima da história para evocar diretamente a experiência dos primeiros cristãos (na apresentação das Comunidades Eclesiais de Base [CEBs], por exemplo), nunca vai direto à Bíblia para explicar situações atuais. Sempre considera a 'tradição', ou seja, a mediação da história vivida. Assim, ele não fala em CEBs sem falar da paróquia, não fala em paróquia sem mencionar sua histórica função protetora, não fala em Teologia da Libertação sem falar no clima de revolução que reinou nas décadas de 1960-1980, e que não reina mais.

Em tudo isso, Comblin não se mostra empenhado em provar que 'entende do assunto'. Ele quer dialogar, ajudar a compreender. Escreve em tom 'ensaístico', não 'dogmático', não se refugia em uma 'especialidade', mas transita livre e competentemente por diversos campos de conhecimento, principalmente teologia e história. Não tem medo de enfrentar grandes blocos históricos, não se perde em minúcias, não apresenta erudição, não entra inutilmente em discussões e controvérsias, não discute pormenores, só trata - como ele mesmo escreve - de *dados primários e fundamentais*. Não se exibe, vai direto ao assunto, pressupõe que seu leitor ou ouvinte seja bastante inteligente para captar suas ironias e provocações. Pois essas ironias nada mais significam que provocações à reflexão, instigações ao pensamento.

Será José Comblin um escritor de 'vanguarda', que escreve para os que se mostram capazes de acompanhar a velocidade com que as coisas estão mudando, os pouquíssimos que estão em condições de acompanhar o pensamento de um Bonhoeffer ('viver sem Deus, em Deus'), um Robinson ('Honest to God'), de um Bultmann (a 'desmitologização' da tradição cristã), de um Lenaers ('Jesus, uma pessoa igual a nós?'), de um Spong (o alvorecer de um modelo totalmente novo de cristianismo) ou de um José Maria Vigil (o pluralismo religioso)? Não, José Comblin não é um escritor de vanguarda. Com a sensibilidade de um sacerdote católico, ele entende que é necessário ajudar as pessoas a descobrir lenta e progressivamente a genuína tradição de Jesus e isso faz dele um educador. *Com infinita paciência*, como ele mesmo repetia.

Eis o sentido, afinal, de seus numerosos livros e artigos, de suas falas e ações: ajudar as pessoas. Ele não teme provocar seus ouvintes ou leitores, mas sempre se trata de provocações de um educador paciente e sensível. O que não poucos, na hora, sentiram como expressão de negatividade e mesmo pessimismo, na realidade, é pedagógico. A prova é que, nos últimos trinta anos de sua vida, ele acompanhou incansavelmente suas 'escolas missionárias' no imenso interior do Nordeste do Brasil, sempre - como ele mesmo repetia - *com paciência infinita.*

* * *

Temos de escutar o que nos diz o Espírito Santo.

Tudo isso converge para o tema do Espírito Santo, que não é o espírito da tradicional sabedoria humana, que recomenda obediência, seguimento das leis, respeito pelas autoridades, bom comportamento, cuidado com a família. É a subversão dessa sabedoria. O evangelho é uma 'boa-nova' subversiva, pois apela para o seguimento de um Jesus subversivo. Um Jesus que a maioria dos fiéis desconhece, já que essa maioria só teve acesso a um Jesus 'amansado', integrado na cultura, que não constitui mais nenhum desafio, que não tem mais nada a dizer, pois fica enquadrado em dogmas, doutrinas e ritos, apresentado em imagens de um Jesus Cristo 'humilde e doce de coração', de um 'Coração de Jesus', integrado na boa família, educador de boas maneiras e de sabedorias ancestrais.

A atuação do Espírito Santo é a grande surpresa da tradição cristã. Eis a razão pela qual José Comblin sempre recorre à história para explicar o que seja cristianismo. A história mostra que a tradição de Jesus de Nazaré é a tradição do Espírito Santo. Na tradição que se formou em torno do nome de Jesus, na realidade o Espírito importa. As clássicas discussões cristológicas, dos séculos IV a VI, de certo modo, desviaram a atenção do que realmente importa na mensagem cristã: a atuação do Espírito no decorrer da história. É por isso que os livros de José

Comblin estão imbuídos de história, pois têm como finalidade demonstrar que o Espírito atua no mundo, dentro e fora do cristianismo.

O que escrevo aqui encontra confirmação em cinco livros que, de um ou outro modo, tratam da atuação do Espírito Santo na história. São os seguintes títulos: 'O Tempo da Ação' (Vozes, 1982), 'A Força da Palavra' (Vozes, 1986), 'Vocação para a Liberdade' (Paulus, 1998 [4ª ed. 2005]), 'A Profecia na Igreja' (Paulus, 2008), 'O Espírito Santo e a Tradição de Jesus' (Nhanduti, São Paulo, 2012). Esse último livro é póstumo e é composto de cinco versões acerca do tema, em que José trabalhou até poucos dias antes da morte.

Os temas desses livros são diversos: Ação, Palavra, Liberdade, Profecia, Espírito Santo. Na realidade é um só: o Espírito de Deus agindo na história da humanidade. Os diversos enfoques abrem vastos panoramas históricos, ao focar o Espírito de Jesus de Nazaré, o Espírito de Paulo de Tarso, de Francisco de Assis, de Vicente de Paulo, de Inácio de Loyola, o Espírito a animar santos, ao longo da história. E não só na história do cristianismo. Como José insinua no título de seu último livro, o Espírito excede o cristianismo, age igualmente fora dos limites da instituição cristã e mesmo da religião, atua na 'tradição de Jesus', que pode ser a tradição de Mahatma Gandhi, de Martin Luther King, de Mandela, de Hélder Câmara, de Charles de Foucauld, de Dalai Lama etc.

Eis a vasta visão que Jesus de Nazaré abre em sua fala com o fariseu Nicodemos, no terceiro capítulo do Evangelho de João: *O vento sopra onde quer, você entende sua voz sem saber de onde vem nem para onde vai. Assim vai todo homem nascido do Espírito* (Jo 3,8).

* * *

Como ler os livros de José Comblin?

Subjacente à prosa de José Comblin arde uma brasa que, assoprada, pega fogo. Acima, tentei descrever, em três pontos, o que me parece ter levado José a escrever. Mas precisa assoprar a brasa, ou seja, entender o que ele quer dizer. O que nem sempre é fácil. Como acontece com outros escritores, Comblin apela para 'bons leitores', 'boas leitoras', gente inteligente, capaz de 'assoprar' o Espírito que anima suas páginas.

É a chama de Jesus de Nazaré, o galileu ansioso por ver seu evangelho perpassar o mundo, que provoca inquietude em seus discípulos quando fala na disposição de 'odiar' a si mesmo (Lc 14, 26); de oferecer a face esquerda a quem bate na face direita; de carregar por quatro léguas as bagagens que um militar romano manda carregar por duas léguas; de perdoar setenta vezes sete qualquer ofensa, qualquer injustiça; de romper com a antiga sabedoria do talião ('olho por olho, dente por dente'); de conceder o lugar principal ao mais fraco; de se desligar da família ('*quem é minha mãe? quem são meus irmãos*'?); de promulgar a liberdade como suprema expressão do amor; de ter a disposição de se tornar uma *nova criatura* (2Cor 5,16-17) e de *morrer à sabedoria deste mundo*, de recomeçar sempre, a cada momento. Por amor, por puro amor.

Com José Comblin, não nos damos por satisfeitos com um Jesus 'por osmose', por tradição, por catecismo, nem mesmo por leitura na hora da liturgia, da missa ou da oração. Com ele, estamos instigados a ler e reler a Bíblia ao longo da vida toda, não nos satisfazer com o que pretensamente já sabemos por transmissão catequética, por sermões, por citações esporádicas, por algum estudo particular. Com ele, aprendemos a ler os livros bíblicos e tentar compreendê-los. Aprendemos a sermos 'bons leitores', 'boas leitoras' de Marcos e Mateus, Lucas e João. Seguimos o conselho que São Francisco de Assis já deu no século XIII: ler os evangelhos *sine glosa, sine glosa* (sem comentário, sem comentário). Ler os evangelhos inteiros, não apenas alguns trechos escolhidos. Pois se trata de narrativas coesas, de obras com intencionalidade precisa, que merecem ser captadas com inteligência e de modo meditativo. Intuir, atrás das letras dos evangelhos, a figura histórica de Jesus de Nazaré.

POSFÁCIO

Projetando Comblin em seu legado, desde o chão da amada "Pátria Grande"

Alder Júlio Ferreira Calado

Quanta coisa foi dita de Comblin? Tantas outras dirão sobre a figura. Seu legado, com efeito, é compósito, também sendo vasto e profundo. Ao fazer teologia, foi aberto a outros campos. Bebeu sempre do Evangelho, fonte primeira. Com o Mestre se fez discípulo, no chão da história.

Formação de excelência, desde a família, em seu curso aprimorada. Professores de escol teve em Lovaina. Vários deles, peritos no Concílio. "Realidades terrestres", conceito-mor, entre outros que sempre trabalhou. Deste grupo de docentes destacamos: Cerfaux, Thils e Aubert e alguns mais. Sua tese abordou o Apocalipse, destacando seus traços mais litúrgicos. Ao depois, publicou "Ressurreição", já após sua vinda ao Brasil. Empolgado com os pobres do país, dedicou-lhes o melhor de suas forças.

Respondendo ao chamado missionário, insere-se na América Latina. Aprendiz, mergulhou neste universo, com os pobres partilhando sua vida. No Brasil, seu trabalho com a JOC, também junto aos bons Dominicanos, encheu-lhe de esperança o compromisso. No Nordeste, viveu 38 anos. Com mais 11, no Chile (alternados) e mais 3 do início em Campinas. Eis seu tempo de ação no continente.

De seus tantos escritos, sublinhamos uma parte decisiva. Em seus textos cristológicos, ressaltamos: "Jesus de Nazaré", "Ressurreição", "O Enviado do Pai", "A Oração de Jesus", "A Fé no Evangelho". Igualmente, "Viver na Esperança"; "Liberdade Cristã" foi tema seu, "O Provisório" e as coisas que não passam. Publicou outros mais: "Os Sinais dos Tempos"; sobre o Pe. Ibiapina escreveu sua obra e missão pelo Nordeste. Na origem da TDL, está presente a Coleção "Teologia e Libertação", Comblin dela participa, entusiástico. Com alguns textos nos brindou, na ocasião: "Antropologia cristã", assim como "O Espírito e a Libertação". Produziu "Neoliberalismo" e mais: "Cristão Rumo ao Século XXI". Importantes estudos em fascículos, com propósito formativo popular.

No que tange a Revistas, escreveu até mais de quatrocentos. E no âmbito acadêmico, denuncia o poder militar no continente. Várias Cartas Paulinas refletiram, impactadas pelo grande missionário. "O Espírito no Mundo", na história anuncia as palavras geradoras de seus textos voltados para o Espírito: "Ação", "Palavra", a "Liberdade", "Povo de Deus" e também "A Vida". Escreveu: "O Caminho", "O Que é a Verdade?", "Profecia na Igreja" e o livro póstumo.

Comblin era um crítico perspicaz, por isso também era autocrítico. Missionário Europeu, corria o perigo de agir como colonizador: A pretexto do Evangelho, "Catequizar", despejando nos outros valores seus. Ao falar do Evangelho a seus ouvintes, procurou descobri-lo nos nativos.

Lapidado, na América Latina, sempre estando consciente das origens, tornando-se um latino-americano. Visitando, por vezes, sua irmã, ela via um irmão tão diferente: ele havia assumido novos valores, na vivência com os pobres de além-mar. A maior parte de sua obra, no Nordeste, sobretudo seus escritos sobre o Espírito.

Sua obra reflete seu viver: sua vida com os pobres traduzia. Sua agenda de viagens era intensa, atendendo a convites mais diversos: conferências, escritos, entrevistas e muitos cursos chamados a ministrar: Bogotá, Riobamba, El Salvador. Testemunha profética, por onde passa: nas Igrejas, também nos movimentos. Acompanha a política, criticamente: denuncia, anuncia, com destemor, sempre com argumentos convincentes nas diversas esferas do real. Sendo sempre bom teólogo, por isso mesmo recorria às ciências sociais.

Seu Temário é extenso; é motivado por demandas diversas e escolhas próprias, o que dele é mais próprio e específico é a ação do espírito na história. Outro aspecto marcante de sua lavra são os textos voltados para a formação. Formação se faz traço axial, no percurso de vida de Comblin. Quatro espessos volumes publicaram: "Breve curso de teologia para Leigos": "Jesus Cristo e a Missão"; "Missão da Igreja"; "O Espírito e a Missão"; "Sabedoria Cristã" – foram os temas abordados. São didáticos, metódicos, essenciais. Enfatiza o contínuo da formação.

Animou mais de doze experiências – expressão da Teologia da Enxada. No Nordeste nasceu – 69 –, inspirou mais de doze iniciativas. Seminário Camponês (Talca, e Pilões); em seguida, o Centro de Formação. Ficam em Serra Redonda, os rapazes; Ao depois, em Mogeiro, estudam as moças. "Teologia da Enxada" explica bem conteúdos e métodos do Projeto. Ver-Julgar, e o Agir – eis sua dinâmica. Trabalhar, estudar, orar comum, convivendo com os pobres, a seu redor. O Movimento peregrino aí nasceu, acolhendo também os contemplativos. Seis Escolas Missionárias seguem abertas.

Fez amigos e amigas, às centenas: Na Europa, no Brasil, Chile, Equador, na América do Norte, em tantas partes. Escreveu-lhes tantas cartas (disponíveis, na UNICAP). Mônica Muggler escreveu: "José Comblin, uma vida guiada pelo espírito", competente escrita biográfica. Esgotada, merece reedição.

Quando chega aos 80 e 83, multidão se reúne, em Santa Rita, em uma semana de festejos e missão. Veio gente de todo o continente: do Nordeste, do Chile, de São Paulo, da Europa, do Norte, de outras partes. Ao final da semana, a liturgia é celebrada sob tenda acolhedora. Com dezenas de amigos, escreveu "A esperança dos pobres vive", sim! Com saudades da América Latina, recordou episódios, sem paradeiro, de Riobamba, de Talca, do Brasil, celebrando memórias subversivas. Peregrino profeta, incansável, de Bruxelas, Campinas, Santiago, Recife, Talca à Paraíba, encerrando em Barra seu caminhar.

Em seu último livro – livro póstumo –, "O Espírito Santo e a Tradição", rememora, analisa e anuncia. Qual profeta, vislumbra coisas novas, previdente, prenuncia um mundo novo. Seu centro maior de difusão será a Ásia. É tarefa dos novos missionários aprender o Mandarim, em sua ação. Pelas próprias raízes, percebe-se: Cristianismo e Marxismo são aliados.

Seu sonho, prevê, a longo prazo: para o século vindouro? Por que não?

João Pessoa, 22 de janeiro de 2024.

Este livro foi composto com as famílias tipográficas Source Sans e Minion Pro
e impresso em papel Pólen Natural 70g/m² pela **Gráfica Santuário.**